So geht's zum DSD II (B2 / C1)

Übungsbuch

Ewa Brewińska
Holm Buchner
Elżbieta Świerczyńska

Ernst Klett Sprachen
Stuttgart

So geht's zum DSD II (B2 / C1)

Übungsbuch

1. Auflage 1 5 4 3 2 1 | 2015 14 13 12 11

Internetadresse: www.klett.de

Autoren: Ewa Brewińska, Holm Buchner und Elżbieta Świerczyńska

Redaktion: Nadja Fügert, Berlin
Layoutkonzeption: Anastasia Raftaki, Jasmina Car, Barcelona
Herstellung: Anastasia Raftaki
Gestaltung und Satz: Jasmina Car, Barcelona
Umschlaggestaltung: Julia Eden
Reproduktion: Meyle + Müller GmbH + Co. KG, Pforzheim
Druck und Bindung: Beltz Druckpartner, Hemsbach
Printed in Germany

ISBN 978-3-12-675970-0

Liebe Schülerinnen und Schüler, liebe Kolleginnen und Kollegen,

das Bestehen der Prüfung „Deutsches Sprachdiplom II" auf der Niveaustufe C1 ermöglicht es Schülerinnen und Schülern aus dem Ausland, nach Erlangen der Hochschulreife ohne weitere Sprachprüfung an einer deutschen Universität zu studieren. Das Übungsbuch *So geht's zum DSD II (B2/C1)* unterstützt Sie bei der Vorbereitung auf diese Prüfung.

Sie lernen die vier Prüfungsteile, *Leseverstehen*, *Hörverstehen*, *Schriftliche* und *Mündliche Kommunikation*, und deren Teilaufgaben kennen und üben schrittweise, wie Sie die Prüfungsaufgaben lösen können. Im Übungsbuch geht es aber vor allem auch darum, den Wortschatz zu erweitern, Lösungsstrategien zu finden und zu überprüfen, Lernprozesse zu beobachten und selbstständig weiterzulernen.

Die 10 thematischen Kapitel bieten Ihnen deshalb einerseits Aufgaben zu den einzelnen Prüfungsteilen, andererseits bauen Sie durch verschiedene, auch spielerische, Techniken in jedem Kapitel gezielt Ihren Wortschatz auf B2/C1-Nivau auf.
Durch das Anwenden von Textbausteinen in zahlreichen Schreibaufgaben entwickeln Sie Ihre Schreibkompetenz für das Referat im Prüfungsteil *Schriftliche Kommunikation* weiter.
Ihre Fähigkeit zum Erörtern und Diskutieren, die Sie im Prüfungsteil *Mündliche Kommunikation* benötigen, trainieren Sie mit entsprechenden Redemitteln.
Auch das Training für die verschiedenen Teile des *Hörverstehens* hat in jedem Kapitel einen festen Platz, allerdings an unterschiedlicher Stelle. Der *Überblick: Trainingseinheiten im Übungsbuch* auf Seite 7 zeigt Ihnen, wo genau welcher Prüfungsteil vorgestellt, wiederholt oder in der vorgegebenen Zeit gelöst werden soll.

Die Portfolioseite am Ende eines jeden Kapitels befasst sich mit den unterschiedlichen Aspekten der Projektarbeit für die mündliche Prüfung und hilft Ihnen beim Erstellen Ihrer Projektmappe.

Wichtig ist, dass Sie selbst Ihren Lernprozess evaluieren, d.h. sich selbst kontrollieren und festhalten, wo Sie schon gut sind und wo Sie eventuell noch mehr üben sollten. Dafür steht Ihnen jeweils die letzte Seite des Kapitels zur Verfügung.

Das Übungsbuch folgt einer Progression. In den ersten Kapiteln finden Sie einfache Texte und Arbeitstechniken, die Sie aus der Niveaustufe B1 kennen. Diese werden Schritt für Schritt über B2 zu C1 erweitert. Manche Themen wiederholen sich deshalb auch – mit dem zusätzlichen Effekt, dass das bereits Gelernte besser behalten wird.

Die Audio-CD mit den Hörtexten sowie die Lösungen zu den Aufgaben im Übungsbuch finden Sie im Lehrerhandbuch *So geht's zum DSD II (B2/C1)*, ISBN 978-3-12-675972-4.

Wenn Sie weiter üben wollen, können Sie das mit dem Testbuch *So geht's zum DSD II (B2/C1)*, ISBN 978-3-12-675971-7. Das Testbuch enthält 3 Modelltests sowie einen ausführlichen Leitfaden zur mündlichen Prüfung.

Eine anregende Vorbereitung und eine erfolgreiche DSD II-Prüfung wünschen Ihnen

das Autorenteam und der Verlag

Die Symbole bedeuten:

5 Hören Sie den Text von der Audio-CD.

Arbeiten Sie mit einer Partnerin / einem Partner.

Arbeiten in einer Gruppe.

Spielen Sie.

Inhaltsverzeichnis

6 Freizeit – Freie Zeit?

7 Mobilität

8 Globalisierung

9 Demografischer Wandel

10 Regionen, Sprachen und Dialekte

▶ Die Audio-CD mit den Hörtexten zum Training Hörverstehen finden Sie im Lehrerhandbuch *So geht's zum DSD II (B2/C1)*, ISBN 978-3-12-675972-4.

Überblick: Die Prüfung DSD II

Was ist das DSD II?

Das *Deutsche Sprachdiplom II* der *Kultusministerkonferenz der Länder in der Bundesrepublik Deutschland* kann von Schülern im Ausland als Nachweis deutscher Sprachkenntnisse erworben werden. Insgesamt werden dabei vier Fertigkeiten in vier Prüfungsteilen geprüft: *Hörverstehen*, *Leseverstehen*, *Schriftliche* und *Mündliche Kommunikation*. Die Stufe II wird in den oberen Klassen an Sekundarschulen abgelegt und gilt laut Beschluss der Kultusministerkonferenz beim Bestehen auf C1 Niveau als Nachweis der für ein Hochschulstudium in der Bundesrepublik Deutschland erforderlichen Deutschkenntnisse.

Aufbau der Prüfung DSD II

Prüfungsteil	Dauer	Aufgaben	
Leseverstehen	75 Minuten + 10 Minuten, um die Lösungen auf das Antwortblatt zu übertragen	**LV 1**	Sie müssen 9 Überschriften oder Personen fünf Kurztexte zuordnen.
		LV 2	Sie lesen einen Text und müssen für 6 Aussagen prüfen, ob sie richtig oder falsch sind oder ob der Text dazu nichts sagt.
		LV 3	Sie bekommen einen Text mit 5 Lücken, die Sie mit der richtigen Auswahl aus 7 Satzteilen oder ganze Sätzen ergänzen müssen.
		LV 4	Zu einem Text müssen Sie in 7 Multiple-Choice-Aufgaben A, B oder C ankreuzen.
Hörverstehen	ca. 40 Minuten + 10 Minuten, um die Lösungen auf das Antwortblatt zu übertragen	**HV 1**	Sie hören einmal ein Interview und müssen in 8 Multiple-Choice-Aufgaben die richtige Aussage (A, B oder C) ankreuzen.
		HV 2	hat zwei Teile: Im Teil A hören Sie 4 Personen, denen Sie 3 Aussagen zuordnen müssen. Im Teil B hören Sie die 4 Personen und müssen ihnen 6 Aussagen zuordnen. Beide Teile hören Sie zweimal.
		HV3	Sie hören zweimal einen monologischen Text (Vortrag) und müssen in 8 Multiple-Choice-Aufgaben A, B oder C ankreuzen.
Schriftliche Kommunikation	120 Minuten	Sie müssen einen zusammenhängenden Text zu einem Thema schreiben. Dafür bekommen Sie 3 Impulse: einen Text, eine Grafik und die Aufgabenstellung.	
Mündliche Kommunikation	20 Minuten Vorbereitungszeit + 20 Minuten Prüfungszeit	**Teil 1**	Sie müssen einen Kurzvortrag halten. Dafür bekommen Sie in der Vorbereitung ein Thema und 7 Aspekte dazu.
		Teil 2	Sie präsentieren Ihre Projektarbeit.
		An beide Teile schließt sich jeweils ein Prüfungsgespräch an.	

In den Prüfungsteilen *Hörverstehen* und *Leseverstehen* sind keine Wörterbücher erlaubt. In den Prüfungsteilen *Schriftlichen Kommunikation* und bei der Vorbereitung auf die *Mündliche Kommunikation* dürfen Sie ein einsprachiges oder zweisprachiges Wörterbuch verwenden.

In einigen Ländern, in denen man das DSD II ablegen kann, zieht das erfolgreiche Abschneiden in der Prüfung Begünstigungen beim folgenden Studium nach sich.

Überblick: Trainingseinheiten im Übungsbuch

Leseverstehen (LV)

LV1 kennenlernen
▶ Kapitel 1: S. 10 – 11

LV1 wiederholen
▶ Kapitel 5: S. 57 – 58

LV 1 in der vorgegebenen Zeit lösen
▶ Kapitel 9: S. 105

LV2 kennenlernen
▶ Kapitel 2: S. 22 – 24

LV2 wiederholen
▶ Kapitel 6: S. 74 – 75

LV2 in der vorgegebenen Zeit lösen
▶ Kapitel 9: S. 106

LV3 kennenlernen
▶ Kapitel 3: S. 35 – 36

LV3 wiederholen
▶ Kapitel 7: S. 86 – 87

LV3 in der vorgegebenen Zeit lösen
▶ Kapitel 10: S. 117

LV4 kennenlernen
▶ Kapitel 4: S. 48 – 50

LV4 wiederholen
▶ Kapitel 8: S. 94 – 96

LV4 in der vorgegebenen Zeit lösen
▶ Kapitel 10: S. 118 – 19

Hörverstehen (HV)

HV 1 kennenlernen
▶ Kapitel 4: S. 51 – 52

HV 1 wiederholen
▶ Kapitel 7: S. 89

HV 1 trainieren
▶ Kapitel 8: S. 93

HV 2 kennenlernen
▶ Kapitel 1: S. 13

HV 2 widerholen
▶ Kapitel 3: S. 33 – 34

HV 3 kennenlernen
▶ Kapitel 2: S. 25 – 26

HV 3 wiederholen
▶ Kapitel 5, S. 59 – 60

HV3 wiederholen
▶ Kapitel 6: S. 76 – 77

HV 3 trainieren
▶ Kapitel 9: S. 111 – 112

HV 3 trainieren
▶ Kapitel 10, S. 120

Schriftliche Kommunikation

Wichtige Aussagen in einem Text herausfinden
▶ Kapitel 1: S. 14 – 16

Textwiedergabe
▶ Kapitel 2: S. 27 – 28

Den Inhalt von Grafiken wiedergeben
▶ Kapitel 3: S. 40 – 41

Die Informationen einer Grafik, die Ergebnisse einer Umfrage wiedergeben
▶ Kapitel 4: S. 45 – 46

Pro- und Contra-Diskussion
▶ Kapitel 5: S. 63 – 65

Sätze verbinden, eine Argumentation aufbauen, die eigene Meinung äußern und begründen
▶ Kapitel 6: S. 68 – 71

Textaufbau und Überleitungen
▶ Kapitel 7: S. 82 – 85

Komplexe Satzstrukturen benutzen, Schritt für Schritt schreiben
▶ Kapitel 8: S. 98 – 101

Textwiedergabe und Textzusammenhänge, schreiben und korrigieren
▶ Kapitel 9: S. 107 – 110

Komplexübung, einen Aufsatz bewerten
▶ Kapitel 10: S. 121 – 124

Mündliche Kommunikation

Definitionen
▶ Kapitel 1: S. 17

Vorgegebene Aspekte in Beziehung zum Thema setzen, den Vortrag gliedern
▶ Kapitel 2: S. 29

Die Reihenfolge der Aspekte festlegen, Stichpunkte zu den Aspekten machen, eine Folie erstellen
▶ Kapitel 3: S. 37 – 38

Den Kurzvortrag halten
▶ Kapitel 4: S. 53

Das Prüfungsgespräch üben
▶ Kapitel 5: S. 61 – 62

Das Kriterium „Interaktion“ im Prüfungsgespräch
▶ Kapitel 6: S. 72

Den Kurzvortrag und das Prüfungsgespräch üben
▶ Kapitel 7: S. 81

Das Kriterium „Inhalt“ im Prüfungsgespräch
▶ Kapitel 8: S. 97

Das Kriterium „Verfügbarkeit sprachlicher Mittel“ im Prüfungsgespräch
▶ Kapitel 9: S. 113

Die Projektmappe prüfen
▶ Kapitel 10: S. 125

1 Medien

Wortschatztraining

1 Computer & Internet

a Was passt zusammen? Ordnen Sie zu. Manchmal gibt es mehrere Möglichkeiten.

~~recherchieren~~ | chatten | öffnen | einschalten | (he)runterladen | hochfahren | ~~surfen~~ | hören | speichern | drucken | weiterleiten | nutzen | herunterfahren

1. im Internet *surfen, recherchieren, …*	5. eine Datei
2. die Webkamera	6. Internetradio
3. auf einer Webseite	7. ein Programm
4. den Computer	8. eine E-Mail

b Wie oft und warum machen Sie das? Schreiben Sie Sätze mit den Nomen und Verben aus Aufgabe 1a.

Beispiel: *Ich surfe jeden Tag im Internet, um mich über Neuigkeiten zu informieren.*

Ich recherchiere oft im Internet, weil es sehr bequem ist.

______

______

______

2 Anglizismen in der Computersprache

a Erklären Sie diese englischen Wörter in ganzen Sätzen. Wie heißen sie in Ihrer Muttersprache?

1. Unter „chatten" versteht man ______
2. „Googeln" bezeichnet ______
3. „Skypen" meint ______
4. „Bloggen" bedeutet ______
5. „Surfen" heißt ______

Tipp

Diese Anglizismen konjugiert man wie regelmäßige (schwache) Verben, auch im Perfekt: ich chatte, du chattest, ich habe gechattet. Viele dieser Verben klingen in Ihrer Muttersprache manchmal so ähnlich wie im Deutschen: chatten = tchatcher (Französisch) = czatować (Polnisch) = chatovat / četovat (Slowakisch).

b **Ergänzen Sie die Verben in der korrekten Form.**

Die Arbeit am Computer macht mir großen Spaß: Am liebsten (1) __________ (chatten) ich mit meinen Freunden, die jetzt in verschiedenen Ländern wohnen, manchmal (2) __________ (skypen) wir auch. Marc z. B. (3) __________ (bloggen) seine Erfahrungen in Guatemala, so dass jeder sie lesen kann. Gestern habe ich lange am Computer gesessen: Erst habe ich meine Mails (4) __________ (checken), dann habe ich im Chatroom Pia entdeckt. Wir haben lange (5) __________ (chatten). Danach habe ich noch ein paar Begriffe für mein Referat (6) __________ (googeln) und habe im Internet (7) __________ (surfen).

3 **Ergänzen Sie die Tabelle mithilfe eines (Online-)Wörterbuchs. Es gibt oft mehrere Nomen.**

	Verb	Nomen
1	chatten	
2	drucken	
3	recherchieren	
4	speichern	
5	installieren	

Tipp

Notieren Sie bei neuen Vokabeln immer das dazugehörige Verb oder Nomen.

chatten, chattete, habe gechattet
der Chat, -s
der Chatroom, -s

4 **Ergänzen Sie mit den Vokabeln von Seite 8 und 9 das Assoziogramm zum Thema Internet.**

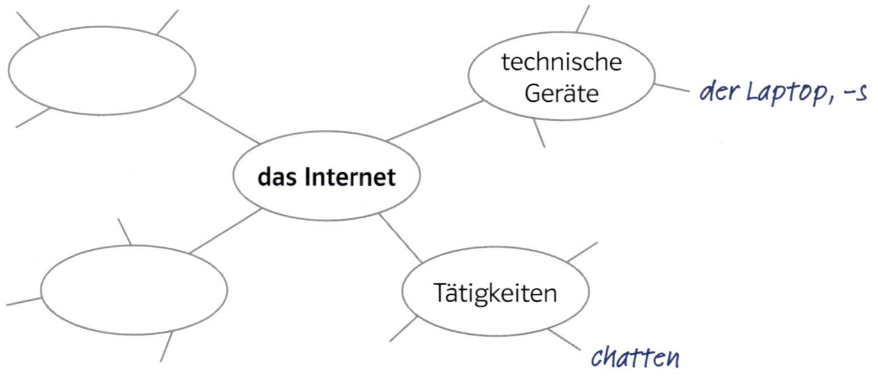

Tipp

Vokabular zu sammeln und zu strukturieren ist eine wichtige Technik. Beginnen Sie mit einem zentralen Thema und überlegen Sie sich dazu Unterbegriffe. Diese können Sie dann weiter gliedern. Vergessen Sie nicht, bei Nomen den Artikel und den Plural, bei Verben das Präteritum und das Partizip Perfekt zu notieren.

5 **Wörter legen**

a **Kennen Sie die Wörter? Schreiben Sie die Wörter in der richtigen Buchstabenreihenfolge.**

chtaten | Lpotap | Iternentrdaio | PC-Sieple | rutnerldaen | srfuen | Itnenret | Wbesetie

chatten, ____

b **Verdrehen Sie selbst die Buchstaben von Wörtern zum Thema *Internet* und lassen Sie Ihre Nachbarin / Ihren Nachbarn raten.**

Training Leseverstehen

▶ Das Leseverstehen 1 kennenlernen

1 Ähnliche Texte vergleichen

a Überfliegen Sie die beiden folgenden Texte. Was ist das gemeinsame Thema?

A Welcher PC soll es sein? Das fragen sich Jugendliche und Erwachsene gleichermaßen, denn der Computer wird immer wichtiger in unserem Leben. Nicht nur Erwachsene arbeiten mit diesem beruflich und nutzen ihn privat, auch Jugendliche brauchen den PC für die Schule und die Freizeit. Die Frage ist: Wer entscheidet in den Familien, welcher PC gekauft wird? Die Jugendlichen dürfen zwar mitreden, aber was gekauft wird, entscheiden letztendlich immer noch die Eltern.

B Für Erwachsene und Jugendliche gibt es beim Kauf eines Computers unterschiedliche Kriterien. Die Kaufentscheidung Erwachsener orientiert sich oft allein am Preis: Ein hoher Preis gilt als Garantie für eine gute Qualität. Für Jugendliche hingegen sind Festplattengröße, Grafikkarte und ein cooles Design wichtigere Kriterien für den PC-Kauf. Beiden Gruppen aber ist die Zuverlässigkeit des neuen Computers sehr wichtig.

Das Thema beider Texte ist: ____

b Markieren Sie wichtige Informationen (Signalwörter) im Text. Schreiben Sie dann die Informationen in die Tabelle. Wo gibt es Unterschiede?

	Um wen geht es im Text?	Worum geht es?
Text A		
Text B		

2 Eine Überschrift zuordnen

a Lesen Sie nun eine Überschrift. Markieren Sie die wichtigsten Wörter.

Mitspracherecht ja - aber die Kaufentscheidung treffen die Eltern

b Vergleichen Sie nun mit den Signalwörtern aus Aufgabe 1b. Zu welchem Text passt die Überschrift?

➤ Die Lösung der Aufgabe lautet: Die Überschrift passt zu Text A, denn dieser sagt, dass die Eltern die Entscheidung treffen.

Tipp

In der Aufgabe 1 des Leseverstehens müssen Sie fünf kurzen Texten Überschriften oder Wortgruppen zuordnen. Dafür müssen Sie die Texte detailliert lesen. Suchen Sie nach den wichtigsten Informationen und markieren Sie Signalwörter. Vergleichen Sie diese dann mit den Überschriften / Wortgruppen.

c Welche Wörter entsprechen den Signalwörtern im Text? Ergänzen Sie.

Überschrift	Text
Mitspracherecht	
Entscheidung	

d Formulieren Sie einen Tipp mit den Wörtern aus dem Kasten.

Synonyme | Signalwörter | können | identisch

Tipp

_________________ im Text und in der Überschrift müssen nicht _________________ sein.
Es _________________ auch _________________ oder Wörter aus der gleichen Wortfamilie sein.

e Wie könnten die Überschriften für diese beiden Kurztexte heißen?

A Rund 47 Prozent der deutschen Internetnutzer sind Mitglied in einem sozialen Online-Netzwerk wie Facebook, StudiVZ oder Xing. Dies ergab eine repräsentative telefonische Umfrage des Meinungsforschungsinstituts TNS Emnid unter 1001 Personen mit Online-Zugang. Bei den 14- bis 29-Jährigen liegt der Anteil der Mitglieder in einem Online-Netzwerk bei 89 Prozent.
Die häufig geäußerte Kritik, das Internet mache einsam und verdränge die sozialen Kontakte im realen Leben, wird durch die Umfrage tendenziell widerlegt. So gaben 34 Prozent der Befragten an, durch das Internet mehr reale Kontakte hinzugewonnen zu haben. Lediglich bei sieben Prozent der Internetnutzer wurden es dadurch weniger. (Quelle: karrierebibel.de)

Mögliche Überschrift: ____

B Am 9. Februar ist es soweit: Dann findet der nächste „Safer Internet Day" statt. Die Vorbereitungen dazu haben begonnen, die EU und das europäische Netzwerk „Insafe" planen vielfältige Aktionen. Wie in den vergangenen Jahren können und sollen sich alle am „Safer Internet Day" beteiligen, denen die Sicherheit im Internet ein Anliegen ist oder die dieses Thema zu ihrem Anliegen machen möchten. Für den „Safer Internet Day" gibt es kein offizielles übergeordnetes Schwerpunktthema, Diskussionsthemen könnten z. B. sein: Cyber-Mobbing, Soziale Netzwerke im Internet, Datenschutz, Urheberrecht, …

Mögliche Überschrift: ____

Tipp

Überlegen Sie sich beim Lesen der Texte eine mögliche Überschrift. Dann finden Sie die Lösung manchmal schneller.

f Welche Überschriften passen zu den zwei Texten in Übung e? Zwei Überschriften bleiben übrig.

1. **Sicher im Netz unterwegs – ein Aktionstag**
2. **Internetsicherheit – ein unbeliebtes Thema**
3. **Jüngere häufiger in sozialen Online-Netzwerken als Ältere**
4. **Soziale Online-Netzwerke reduzieren soziale Kontakte**

Text A: Überschrift _________________ Text B: Überschrift _________________

3 Suchen Sie selbst kleine Texte im Internet oder in der deutschsprachigen Presse und formulieren Sie dazu neue Überschriften. Bereiten Sie mehr Überschriften als Texte vor. Lassen Sie dann Ihre Mitschülerinnen und Mitschüler die Überschriften den Texten zuordnen.

Wortschatztraining

1 Medien im Alltag

a Lesen Sie die Definition und beantworten Sie die Fragen:

Medien sind heute aus unserem Alltag nicht mehr wegzudenken. Aber was genau sind Medien?

Das Wort „Medium“ stammt vom lateinischen Wort „medium“ ab und bedeutet „Vermittler“. Medien werden in vier Gruppen unterteilt:

1 Printmedien, z. B. Zeitungen, Zeitschriften, Bücher
2 Auditive Medien z. B. Radio oder die CDs, MP 3
3 Audiovisuelle Medien z. B. Fernsehen, Videos oder DVDs
4 multimediale und interaktive Medien, z. B. das Internet

Mithilfe der Medien werden Nachrichten und Informationen übermittelt und verbreitet. Da sich auf diese Weise sehr viele Menschen informieren können, werden Zeitungen, Zeitschriften, Bücher, Rundfunksender und Internet oft auch als Massenmedien bezeichnet. Medien spielen aber auch eine sehr große Rolle bei der Unterhaltung, viele Menschen sehen in ihrer Freizeit Filme und DVDs, spielen am Computer oder surfen im Internet.

1. Was sind Massenmedien? ______________________
2. Was gehört zu den audiovisuellen Medien? ______________________
3. Welche Funktionen haben die Medien (drei Funktionen)? ______________________
4. Welches Medium bestimmt Ihrer Meinung nach besonders unseren Alltag? ______________________

b Alte Medien – neue Medien: Was bedeuten diese Begriffe? Informieren Sie sich im Internet und sprechen Sie dann im Kurs darüber.

c Was fällt Ihnen bei den folgenden Begriffen im Zusammenhang mit Medien ein? Unterhalten Sie sich mit Ihrer Nachbarin / Ihrem Nachbarn darüber.

Unterhaltung | Familienleben | Informationen | Bildung | Gewalt | Kommunikation | Geld | Computerspiele

Ich denke, viele Menschen nutzen Medien, um sich unterhalten zu lassen. Wir alle hören Radio oder sehen fern, um unseren Alltag zu vergessen. Ich glaube, dass das Internet für junge Menschen das wichtigste Medium ist.

d Lesen Sie den Text und setzen Sie das passende Wort aus der Tabelle unten ein.

Mit dem Einsatz von Computer und Internet im Unterricht (1) ____________ sich auch die Rolle des Lehrers. Er (2) ____________ zu einem Wissensmoderator, der die Schüler bei der Nutzung der Medien berät. Dafür sind nicht nur technische Kenntnisse (3) ____________ , sondern man braucht vor allem auch das Wissen, wo man etwas findet und wie man mit den (4) ____________ richtig arbeitet. Dieses Wissen heißt Medienkompetenz. Aber auch das Wissen über die Gefahren eines zu (5) ____________ oder zu langen Medienkonsums gehört dazu.

1	A wächst	B verändert	C wechselt
2	A wird	B ist	C bekommt
3	A nötig	B schwierig	C gefährlich
4	A Auskünften	B Fragen	C Informationen
5	A tiefen	B häufigen	C schnellen

Training Hörverstehen

▶ Das Hörverstehen 2 kennenlernen

1 Handys

a Wie kann man folgende Aussagen auch formulieren? Ordnen Sie synonyme Formulierungen zu.

1. ~~Ich besitze kein~~ Handy. | 2. Ich benutze nur einen Festnetzanschluss. | 3. Ich bin telefonsüchtig. | 4. Ich gehe ohne Telefon nicht aus dem Haus. | 5. Ohne Handy komme ich gut zurecht. | 6. Das Telefon ist für mich unentbehrlich. | 7. Es ist für mich unvorstellbar, ohne Handy zu leben. | 8. Ich kann nicht ohne Handy auskommen. | 9. Ich will nicht die ganze Zeit erreichbar sein.

Ich habe kein Handy.	Ich kann mir ein Leben ohne Handy nicht vorstellen.
1.,	

b Was davon trifft auf Sie bzw. auf Ihre Freundinnen / Freunde zu? Sprechen Sie im Kurs darüber.

1–4 **c Leben mit oder ohne Handy? Sie hören vier Personen zu diesem Thema. Welche Aussage passt zu welcher Person. Kreuzen Sie an.**

A Ich habe kein Handy.
B Ich habe ein Handy, benutze es aber selten.
C Ich kann mir ein Leben ohne Handy nicht vorstellen.

	A	B	C
	Ich habe kein Handy.	Ich habe ein Handy, benutze es aber selten.	Ich kann mir ein Leben ohne Handy nicht vorstellen.
Person 1			
Person 2			
Person 3			
Person 4			

Info

Bei Aufgabe 2 A des Hörverstehens sollen Sie drei Aussagen vier Personen zuordnen. Sie müssen also eine Aussage zweimal ankreuzen.

1–4 **d Hören Sie die Personen noch einmal. Kreuzen Sie während des Hörens an, ob folgende Aussagen von den Sprechern gemacht werden. Zwei Aussagen passen nicht.**

A Handys besitzen viele Funktionen.
B Ich mag Handywerbung.
C Viele Leute finden mich unnormal, weil ich kein Handy habe.
D Ich brauche Urlaub vom Handy.
E Ich will nicht immer angerufen werden.
F Ich will immer informiert sein.

	A	B	C	D	E	F
Person 1						
Person 2						
Person 3						
Person 4						

Info

Bei Aufgabe 2 B des Hörverstehens sollen Sie sechs Aussagen vier Personen zuordnen. Zwei Aussagen bleiben übrig.

Training Schriftliche Kommunikation

▸ Wichtige Aussagen in einem Text herausfinden

1 Den Text lesen

a Lesen Sie die Überschrift. Worum geht es im folgenden Text vermutlich?

Kopieren geht über studieren

Info

Der Prüfungsteil *Schriftliche Kommunikation* umfasst mehrere Teilaufgaben: Zuerst sollen Sie in einem Text und einer Grafik die zentralen Aussagen herausfinden und diese später in Ihrem Aufsatz wiedergeben (erste Teilaufgabe der Schriftlichen Prüfung).

Meine Vermutung: ______________________________

Tipp

Die Textüberschrift weist oft schon auf den Textinhalt hin. Überlegen Sie, ob Sie zum Thema des Textes schon einmal etwas gehört oder gelesen haben (= Vorwissen aktivieren).

b Lesen Sie nun den Text ein erstes Mal. Was ist das Thema des Textes?

Kopieren geht über studieren

Eine Semesterarbeit schreiben geht heute schneller denn je. Man gibt in eine Suchmaschine im Internet die wichtigsten Begriffe ein, und schon erscheinen zehntausende Seiten zum Thema. Nun braucht man nur noch die wesentlichen Teile zu kopieren und sie zu einer neuen Arbeit zusammenzusetzen, fertig ist das „eigene" Werk.

Dieses Copy & Paste-Verfahren verstößt gegen die wissenschaftliche Redlichkeit und ist eine Straftat. Aber das kümmert viele nicht, immer mehr Studierende tun es. «Ja, die Fälle nehmen zu», bestätigt Gian Martin, Rechtsanwalt und Sekretär des Disziplinarausschusses der Universität Zürich. Der Ausschuss hatte diesen Frühsommer vier Fälle zu behandeln. So viele wie noch nie.

Was ans Licht kommt, ist nur die Spitze des Eisbergs. Wie viele Studierende ihre Arbeiten bei anderen abschreiben, bleibt im Dunkeln, denn in der Schweiz gibt es keine Untersuchungen dazu – im Gegensatz zu Deutschland oder Österreich. An der Universität Salzburg kam im letzten Juni bei einer Stichprobe heraus, dass 11 von 13 Arbeiten nicht in Ordnung waren. In Leipzig befragte der Journalistikstudent Sebastian Sattler im Rahmen seiner Abschlussarbeit seine Mitstudierenden, ob sie Texte kopieren würden. 90 Prozent sagten ja. Diese Erhebungen sind zwar nicht repräsentativ – solche gibt es im deutschen Sprachraum nicht –, aber sie zeigen, dass das Problem flächendeckend ist. Studenten aller Fakultäten und Abteilungen plagiieren.

Die Unis haben das Problem lange bagatellisiert, denn sie haben Angst, die Plagiatsfälle könnten ihrem Ruf schaden. Aber mittlerweile hat sich die Position der Hochschulen gewandelt, denn ihre Glaubwürdigkeit steht auf dem Spiel. Hardy Notter von der Hochschule St. Gallen ergänzt: «Es geht letztlich um die ethische Kompetenz der zukünftigen Akademiker.» Sie sei ebenso wichtig wie die Fach-, Führungs- und Sozialkompetenz.

Notizen:
- Semesterarbeit
- aus Internet
- kopieren
- Kopieren
- ist Straftat

c Gibt es Wörter oder Textpassagen, die Sie nicht verstehen? Versuchen Sie, diese aus dem Kontext zu verstehen oder schlagen Sie im Wörterbuch nach.

Info

In der Prüfung haben Sie ein einsprachiges und / oder ein zweisprachiges Wörterbuch zu Ihrer Verfügung. Schlagen Sie aber nicht zu viele Wörter nach, das kostet viel Zeit.

d Lesen Sie den Text ein zweites Mal und markieren Sie wichtige Informationen. Schreiben Sie Stichwörter an den Rand.

e Vergleichen Sie mit Ihrer Nachbarin / Ihrem Nachbarn. Hat sie / er die gleichen Wörter markiert?

f Formulieren Sie Fragen zum Text und stellen Sie diese Ihrer Nachbarin / Ihrem Nachbarn. Sie oder er antwortet mit Hilfe des Textes.

Was? Wer? Wo? Wann? Warum?

Was ist das Thema des Textes? Was wird hier berichtet?

Tipp

Mit Hilfe von W-Fragen finden Sie schnell die wichtigsten Informationen heraus.

2 Wichtige Informationen markieren und wiedergeben

a Im folgenden Text sind Informationen markiert worden. Sind das wirklich alle wichtigen Informationen? Diskutieren Sie im Kurs und begründen Sie Ihre Meinung. Korrigieren Sie die Markierungen und schreiben Sie Stichwörter an den Rand.

Hat das E-Book eine Zukunft?

Ist das Buch vom Aussterben bedroht? Die Rede vom Ende des Buchs, wie wir es kennen, ist jedenfalls kaum zu überhören. Doch was genau sagen die Verlage zur Entwicklung des Markts für Lesegeräte und elektronische Bücher? Alles nur heiße Luft? Gibt es Zahlen, Daten, Fakten?
Für den Börsenverein des Deutschen Buchhandels steht außer Frage: „E-Books sind der Markt der Zukunft." Vor allem bei den jungen Generationen stößt das E-Book auf große Sympathie. Eine Studie des Börsenvereins ergab, dass bereits die Hälfte der 20- bis 29-Jährigen mit dem Medium vertraut ist.
Aus dieser Studie geht außerdem hervor, dass Unterschiede zwischen den Sachgruppen bestehen. Mit 42 Prozent liegen die Fachbücher vorn, dann kommen die Sachbücher mit 35 Prozent. Die Belletristik macht lediglich 26 Prozent der heruntergeladenen E-Books aus. Laut einem Sprecher des Rowohlt Verlags ist dies auch nicht verwunderlich, schließlich sei der Digitalbuchmarkt in Deutschland ein völlig neues und erst langsam entstehendes Geschäftsfeld.
Problematisch für eine baldige Durchsetzung des E-Books sind die Preise, die im Vergleich zum Papierprodukt hoch ausfallen. So kostet die E-Book-Version des Titels „Der Chinese" des schwedischen Krimiautors Henning Mankell immerhin auch 21 Euro und ist damit kaum günstiger als das Hardcover, das für 24,90 Euro zu haben ist. Deshalb glauben viele Leser und Verlage, dass das gute alte Buch nicht aussterben wird.

Info

In der schriftlichen Prüfung müssen Sie in Ihrem Aufsatz die wichtigsten Aussagen eines Textes vollständig und präzise wiedergeben. Dazu gehören z. B. auch Probleme, die benannt werden, oder wichtige Beispiele. Markieren Sie nach dem ersten Lesen des Textes die wichtigsten Informationen und schreiben Sie Stichworte heraus. So können Sie später schneller das Wichtigste zusammenfassen.

b Markieren Sie in der folgenden Zusammenfassung des Textes von S. 15 Redemittel für die Textwiedergabe und notieren Sie diese.

Im vorliegenden Text mit dem Titel „Hat das E-Book eine Zukunft?" geht es um die Marktchancen der E-Books. Laut Artikel finden vor allem junge Menschen diese Bücher interessant. Eine Studie des Börsenvereins besagt, dass vor allem Fach- und Sachbücher als E-Book heruntergeladen werden und weniger Belletristik. Als Grund dafür wird genannt, dass der Digitalbuchmarkt immer noch ein neues Geschäftsfeld in Deutschland ist. Der Text benennt auch ein Problem für die E-Books: Die Preise sind sehr hoch und unterscheiden sich kaum von den Preisen von klassische Büchern. Deshalb sind die Verlage optimistisch, dass es neben den E-Books auch noch lange klassische Bücher geben wird.

Redemittel Textwiedergabe:

Im vorliegenden Text mit dem Titel „ ..." geht es um ... ,

c Ergänzen Sie weitere, eigene Redemittel.

Info

Sie müssen in Ihrem Aufsatz immer deutlich machen, welche der Informationen aus dem vorgegebenen Text stammen. Dazu brauchen Sie die Redemittel.

d Formulieren Sie nun selbst mithilfe der Antworten auf die W-Fragen und mit den Redemitteln aus 2b und c eine Textwiedergabe des Textes „Kopieren geht über studieren".

e Tauschen Sie nun Ihren Text mit Ihrer Nachbarin / Ihrem Nachbarn. Lesen Sie den Text und korrigieren Sie ihn, wenn nötig.

Checkliste

Prüfen Sie die folgenden Punkte:

- ☐ Sind alle Informationen markiert?
- ☐ Sind alle wichtigen Informationen des Textes wiedergegeben?
- ☐ Haben Sie Redemittel zur Kennzeichung der Textaussagen verwendet?

f Bringen Sie kurze Texte aus deutschsprachigen Zeitungen oder aus dem Internet mit (max. 10). Arbeiten Sie in kleinen Gruppen. Jede Gruppe wählt einen Text und schreibt eine Textwiedergabe dazu. Pinnen Sie dann Zeitungstexte und Textwiedergaben an die (Pinn-)Wand des Klassenzimmers. Überfliegen Sie gemeinsam die Texte und ordnen Sie sie anschließend gemeinsam zu – welche Wiedergabe gehört zu welchem Text?

Training Mündliche Kommunikation

▶ Definitionen

1 Begriffe definieren

a Lesen Sie die folgende Definition und beantworten Sie die W-Fragen.

Unter Mediennutzung versteht man den Konsum von Medien, insbesondere den Konsum von Massenmedien. Damit sind vor allem das Internet, Tageszeitungen, Fernsehen und Radio gemeint. Internet und Tageszeitung dienen vor allem als Informationsmedien, das Fernsehen dagegen eher als Informations- und Unterhaltungsmedium. Das Radio wird als Tagesbegleiter und „Stimmungsmacher" charakterisiert. Nach Angaben des Statistischen Bundesamtes betrug der Medienkonsum 2001 im Durchschnitt ca. 120 Minuten pro Tag.

1. Was bedeutet Mediennutzung? ____________________
2. Welche Medien sind damit gemeint? ____________________
3. Warum werden Medien genutzt? ____________________
4. Durchschnittlich wie viele Stunden am Tag nutzte man Medien im Jahre 2001? ____________________

b Welche Formulierungen kann man in Definitionen verwenden? Notieren Sie und ergänzen Sie eigene Beispiele.

Unter ... versteht man ... ____________________

____

Info

Im ersten Teil der Prüfung sollen Sie einen fünfminütigen Kurzvortrag zu einem Thema halten. Dabei ist es sinnvoll, zunächst mit einer Definition des wichtigsten Begriffs / der wichtigsten Begriffe zu beginnen.

c Suchen Sie im Internet Informationen zu den beiden Begriffen in der Tabelle.

	Soziale Online-Netzwerke	Web 2.0
Was ist das?		
Was gehört dazu?		
Wer benutzt das?		
...		

d Schreiben Sie nun Definitionen der Begriffe aus Aufgabe 1c. Benutzen Sie dafür Redemittel.

____

____

2 Notieren Sie Begriffe zum Thema „Medien" auf Zettel und stellen Sie W-Fragen dazu (max. drei Fragen). Tauschen Sie die Zettel mit Ihrer Nachbarin / Ihrem Nachbarn. Sie oder er beantwortet die W-Fragen und schreibt eine Definition. Vergleichen Sie anschließend: Welche Definitionen sind gut gelungen, welche könnten noch besser sein?

Soziale Netzwerke

Wer benutzt?
Was ist das?
Welche Vorteile hat das?

Web 2.0

Was ist das?
Warum heißt das 2.0?

Portfolio 1: Themenwahl für die Projektarbeit

Info

In der Vorbereitung auf die DSD II-Prüfung sollen Sie ein Projekt zu einem selbst gewählten Thema entwickeln. Die Ergebnisse Ihres Projekts stellen Sie dann im zweiten Teil der mündlichen Prüfung vor.

1 Mögliche Themen

a Hier sehen Sie Projektmappen aus den letzten Jahren. Aus welchen Bereichen stammen die Themen dieser Schülerinnen und Schüler? Ordnen Sie zu.

____________ Erneuerbare Energien
____________ Gentechnik
____________ Gratiszeitungen
____________ Werbung
____________ Zukunftsprognosen
____________ Der Wert der Freiheit
____________ Klimawandel

1 Medien
2 Politik
3 Natur
4 Medizin
5 ____________
6 ____________
7 ____________
8 ____________

b Welche Themenfelder / Bereiche fallen Ihnen außerdem ein? Ergänzen Sie sie in der Illustration.

c Beraten Sie sich in kleinen Gruppen: Überlegen Sie gemeinsam, welche Bereiche Sie interessieren. Welches Thema könnten Sie präsentieren?

Rafael, du engagierst dich doch für Tierschutz.

Ja, das stimmt …

Dann könntest du könnest doch ein Projekt zum Tierschutz machen, du könntest über Tierhaltung sprechen, über die Gesetzgebung in Deutschland und Polen dazu …

Ja, das ist eine gute Idee.

Tipp

Denken Sie an Ihre Hobbys und Interessen, denn darüber können Sie sicherlich viel erzählen. Vielleicht haben Sie auch in einem anderen Kurs schon ein Thema präsentiert?

d Notieren Sie Ihre Idee:

Meine Hobbys / Interessen sind: ____________

Ein mögliches Thema wäre: ____________

Tipp

Für diesen Schritt müssen Sie das Thema noch nicht präzise formulieren. Beraten Sie sich mit Ihren Freunden und Eltern. Schauen Sie sich Projektarbeiten der früheren Klassen an. Sprechen Sie auf jeden Fall auch mit Ihrer DSD-Lehrerin / Ihrem DSD-Lehrer.

Selbstevaluation

Ich habe gemacht …		Ich bin zufrieden …		
	✓	☺	😐	☹
Wortschatz				
Leseverstehen				
Wortschatz				
Hörverstehen				
Schriftliche Kommunikation				
Mündliche Kommunikation				
Projekt				

Meine Wortliste zum Thema „Medien“:

Sehen Sie sich noch einmal das Kapitel an und notieren Sie hier wichtige Wörter. Ergänzen Sie dann Ihre Notizen um Wörter, die Sie außerdem brauchen.

Sie können auch in Internet-Wörterbüchern nachschauen, z. B. unter www.pons.eu oder www.wortschatz.uni-leipzig.de.

Wichtige Redemittel

Meine Lieblingswörter

2 Umwelt

Wortschatztraining

1 Prima Klima?

a Zu welchem Foto passen die Komposita? Schreiben Sie die passende Nummer vor die Wörter.

☐ **Klimaveränderung**

☐ **Naturschutzgebiet**

☐ **Öko-Strom**

☐ **alternative Energiequellen**

☐ **Waldsterben**

☐ **Kohlendioxid-Emissionen**

b Erklären Sie die Komposita.

1. die Klimaveränderung = *die Veränderung des Klimas, z. B. ...*
2. der Öko-Strom = ______
3. die alternativen Energiequellen = ______
4. das Naturschutzgebiet = ______
5. die Kohlendioxid-Emissionen = ______
6. das Waldsterben = ______

c Bilden Sie Komposita und ordnen Sie zu: fossile Energiequellen / erneuerbare Energie?

der Wind
die Erd(e) das Wasser
das Atom

die Kraft
die Energie das Gas
das Öl die Wärme

solar- bio- geo-

fossile Energiequellen	erneuerbare Energie
die Atomenergie	

2 Was passt zusammen? Ordnen Sie zu.

1	Wasser, Strom	A	wiederverwerten
2	Müll	B	benutzen
3	öffentliche Verkehrsmittel	C	sparen
4	alternative Energiequellen	D	schützen
5	Tiere und Pflanzen	E	sammeln
6	Glas, Papier und Getränkedosen	F	nutzen

3 Mülltrennung: Was ist das? Überlegen Sie, welche Abfälle in welche Tonne gehören und warum.

Prospekte | Eierschalen | Milchkartons | Fischgräten | Konservendosen | Kartons | Gemüsereste | Fallobst | Marmeladengläser | Plastiktüten | Weinflaschen | Blumen | Plastikflaschen | Porzellan | Nussschalen | Zeitschriften | Pappe | Jogurtbecher | Brotreste | Alufolie | Teebeutel | Staubsaugerbeutel | Kaffeesatz

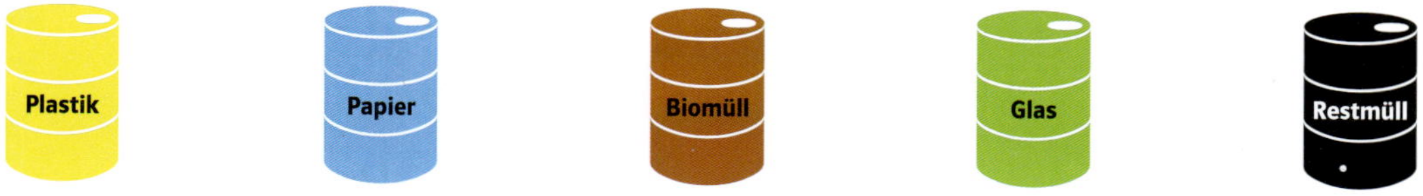

4 Deutsche Wörter – internationale Wörter: Was gehört zusammen?

1	die Verringerung	A	die Emission
2	der Ausstoß	B	die Qualität
3	die technische Erneuerung	C	der Tourist
4	die Menge	D	die Reduktion
5	die Güte	E	die Ökologie
6	der Reisende	F	die Kontrolle
7	die Überprüfung	G	die technische Innovation
8	der Umweltschutz	H	die Quantität

Tipp

Im Deutschen gibt es für viele Fremdwörter auch ein deutsches Äquivalent. Lernen Sie diese zusammen.

1 D, ____________________

5 Umweltlexikon: Ordnen Sie die Begriffe den Definitionen zu.

1	die Luftverschmutzung	A	Rettung von gefährdeten Tieren und Pflanzen
2	die Ökologie	B	Störung des natürlichen Klimasystems durch die Erwärmung der Erdatmosphäre
3	der Artenschutz	C	Negative Veränderung der Luft durch Rauch, Staub, Gase und Dämpfe
4	das Recycling	D	Schutz der gesamten Tier- und Pflanzenwelt
5	der Klimawandel	E	Wissenschaft, die den Einfluss der Umwelt auf den Organismus und umgekehrt analysiert
6	der Naturschutz	F	Wiederverwendung von Rohstoffen aus Abfällen

Lösung: 1 C, ____________________

Training Leseverstehen

▶ Das Leseverstehen 2 kennenlernen

Info

In der Aufgabe 2 des Leseverstehens sollen Sie Aussagen mit einem Text vergleichen.

1 Vorwissen aktivieren

a Lesen Sie die Überschrift. Worum könnte es im folgenden Text gehen?

Der touristische Klima-Fußabdruck – Reisen in Zeiten des Klimawandels

Das Thema des Textes ist vermutlich: ________________________________

b Haben Sie schon mal etwas über dieses Thema gelesen? Tauschen Sie sich mit Ihrer Nachbarin / Ihrem Nachbarn aus.

Tipp

Nutzen Sie die Überschriften, um Ihr Vorwissen zu aktivieren.

2 Den Text lesen und relevante Textstellen markieren

a Lesen Sie den Text. Überprüfen Sie Ihre Vermutung aus 1a.

Fußspuren im Sand – sie lassen uns träumen vom Klang des Meeres, von Entspannung, von ein paar schönen Tagen oder auch Wochen. Unsere Reiselust ist ungebremst, Millionen Deutsche zieht es jährlich an die Strände dieser Welt. Wir verteidigen seit Jahren den Titel der Reiseweltmeister und geben auch am meisten Geld für Reisen aus, gefolgt von den USA und Großbritannien. Doch sind unsere Spuren im Sand die einzigen, die wir an allen beliebten Urlaubsorten hinterlassen? Nein, denn oft sehen wir bereits die Gefahren, die der Tourismus für die schönsten Flecken der Erde bedeuten kann: mehr Verkehr, Flächenfraß, die Zersiedelung der Küsten, Abfallberge und den übermäßigen Verbrauch von Ressourcen.
Mit dem Klimawandel rücken auch die Treibhausgasemissionen durch das Reisen stärker in den Fokus. Der weltweite Tourismus ist für fünf Prozent aller Treibhausgasemissionen verantwortlich. Die Menge der Emission ist dabei abhängig vom Verkehrsmittel sowie von der Entfernung zum Zielort: So machen Fernreisen per Flugzeug zwar nur knapp drei Prozent aller Reisen aus, verursachen aber 17 Prozent der klimaschädlichen Emissionen im Tourismus. Da Emissionen in großen Höhen den Treibhauseffekt weitaus stärker anheizen als der Kohlendioxidausstoß am Boden, hat der Flugverkehr deutlich stärkere Auswirkungen.
Der World Wide Fund for Nature (WWF) hat das Reiseverhalten der Deutschen unter die Lupe genommen und festgestellt, dass die CO_2-Emissionen bei ihren Reisen etwa viermal so hoch wie der Durchschnitt sind. Damit kann das Reiseverhalten der Deutschen kein Vorbild für andere Länder sein. Es gilt, den Klimaschutz in Zukunft schon während der Reiseplanung stärker zu berücksichtigen. Die Tourismusbranche muss endlich Verantwortung für den Klimaschutz übernehmen, z. B. würde eine transparente Darstellung des CO_2-Reisefußabdrucks dem Verbraucher eine bewusste Entscheidung für eine naturverträgliche Reise ermöglichen.
Wenn man den Tourismus in den Dienst einer naturnahen wirtschaftlichen Entwicklung stellt, dann kann er auch positive Auswirkungen für Region und Menschen vor Ort haben, ist man beim WWF überzeugt.

b Unten finden Sie vier Aussagen, die Sie prüfen sollen. Markieren Sie darin Signalwörter. Suchen Sie dann im Text die passenden Textstellen und notieren Sie die Zeilennummer.

Aussagen	Zeile
1. Deutsche reisen am häufigsten.	3–5
2. Der Tourismus hat vor allem positive Auswirkungen auf die Umwelt.	______
3. Der Klimawandel ist ins Zentrum des Interesses gerückt.	______
4. Die Wahl des Urlaubslandes ist für viele Menschen sehr wichtig.	______

Tipp

Für diesen Schritt müssen Sie nicht den ganzen Text im Detail lesen. Überfliegen Sie den Text und suchen Sie die passenden Textstellen (= Selektives Lesen). Die Aussagen folgen dem Text, d. h. Aussage 1 kommt vor Aussage 2 usw.

c Welche Wörter haben Ihnen geholfen, die Textstelle zu finden?

	Signalwörter in der Aussage		Signalwörter im Text
1	*Deutsche, reisen, häufig*	A	*Millionen Deutsche, Reiseweltmeister*
2		B	
3		C	
4		D	

Tipp

Wörter, die helfen, die passende Textstelle zu finden, nennt man „Signalwörter". Oft finden Sie Signalwörter in den Aussagen im Text, manchmal finden Sie aber auch Synonyme oder abgeleitete Wörter.

3 Textstellen und Aussagen vergleichen

a Geben Sie die Textstelle 1 mit eigenen Worten wieder und vergleichen Sie diese mit Aussage 1.

Unsere Reiselust ist ungebremst, Millionen Deutsche zieht es jährlich an die Strände dieser Welt. Wir verteidigen seit Jahren den Titel der Reiseweltmeister und geben auch am meisten Geld für Reisen aus, …

1	Deutsche reisen am häufigsten.

Tipp

Bei diesem Schritt müssen Sie nun den Text ganz genau lesen (= Detailliertes Lesen).

Sind Aussage und Text identisch? Kreuzen Sie an. Begründen Sie Ihre Entscheidung.

☐ Ja ☐ Nein ☐ Der Text sagt dazu nichts.

➤ Wenn die Aussage mit dem Text übereinstimmt, dann ist die Lösung „richtig".

b Geben Sie die Textstelle 2 mit eigenen Worten wieder und vergleichen Sie diese mit Aussage 2.

Doch sind unsere Spuren im Sand die einzigen, die wir an allen beliebten Urlaubsorten hinterlassen? Nein, denn oft sehen wir bereits die Gefahren, die der Tourismus für die schönsten Flecken der Erde bedeuten kann: mehr Verkehr, Flächenfraß, die Zersiedelung der Küsten, Abfallberge und den übermäßigen Verbrauch von Ressourcen.

2	Der Tourismus hat vor allem positive Auswirkungen auf die Umwelt.

Sind Aussage und Text identisch? Kreuzen Sie an. Begründen Sie Ihre Entscheidung.

☐ Ja ☐ Nein ☐ Der Text sagt dazu nichts.

➤ Behauptet der Text das Gegenteil der Aussage, dann ist die Lösung „falsch".

c Geben Sie die Textstelle 3 mit eigenen Worten wieder und vergleichen Sie diese mit Aussage 3.

Mit dem Klimawandel rücken auch die Treibhausgasemissionen durch das Reisen stärker in den Fokus. Der weltweite Tourismus ist für fünf Prozent aller Treibhausgasemissionen verantwortlich.

Vergleichen Sie nun mit Aussage 3.

3	Der Klimawandel ist ins Zentrum des Interesses gerückt.

Sind Aussage und Text identisch? Kreuzen Sie an. Begründen Sie Ihre Entscheidung.

☐ Ja ☐ Nein ☐ Der Text sagt dazu nichts.

➤ Auch wenn die Aussage nur zum Teil mit dem Text übereinstimmt, ist die Lösung „falsch".
Hier ist es nicht der Klimawandel, der in den Fokus, also ins Zentrum des Interesses gerückt ist, sondern die Treibhausgase, die durch das Reisen entstehen.

d Geben Sie die Textstelle 4 mit eigenen Worten wieder und vergleichen Sie diese mit Aussage 4.

Die Menge der Emission ist dabei abhängig vom Verkehrsmittel sowie der Entfernung vom Zielort: So machen Fernreisen per Flugzeug zwar nur knapp drei Prozent aller Reisen aus, verursachen aber 17 Prozent der klimaschädlichen Emissionen im Tourismus.

4	Die Wahl des Urlaubslandes ist für viele Menschen sehr wichtig.

Sind Aussage und Text identisch? Begründen Sie Ihre Entscheidung.

☐ Ja ☐ Nein ☐ Der Text sagt dazu nichts.

____

➤ Wenn die Aussage im Text nicht vorhanden ist, dann ist die Lösung „Der Text sagt dazu nichts".

4 Ergänzen Sie die Aussagen im Kasten.

ein Kreuz | vorhanden | identisch | Reihenfolge | passende | nicht | falsch

Info

In der Aufgabe 2 des Leseverstehens müssen Sie sieben Aussagen überprüfen. Dazu müssen Sie zunächst die ________________ Textstelle finden. In einem zweiten Schritt entscheiden Sie:

- Ob die Aussage ________________ ist. Wenn ja, dann machen Sie ________________ bei **richtig**.
- Ob die Aussage ________________ identisch ist, sondern das Gegenteil formuliert wird bzw. etwas anderes richtig ist. Ist das der Fall, dann machen Sie ein Kreuz bei ________________.
- Ob die Aussage im Text ________________ ist. Wenn nicht, dann machen Sie ein Kreuz bei **Der Text sagt dazu nichts**.

Die ________________ der Aussagen folgt dem Text.

5 So sieht die Aufgabe in der Prüfung aus. Überprüfen Sie nun drei weitere Aussagen zum gleichen Text.

Aussage	richtig	falsch	Der Text sagt dazu nichts.
5. Fast ein Fünftel aller CO_2-Emissionen wird durch Reisen mit dem Flugzeug verursacht.			
6. Die Deutschen müssen ihr Reiseverhalten ändern.			
7. Der WWF denkt darüber nach, wie man Regionen und Menschen vor Ort beim naturnahen Tourismus unterstützen kann.			

Training Hörverstehen

▶ Das Hörverstehen 3 kennenlernen

Info

In der Aufgabe 3 des Hörverstehens hören Sie eine Reportage über ein Thema. Dazu bekommen Sie Fragen und jeweils drei Antworten. Sie sollen während des Hörens die richtige Antwort ankreuzen. Sie hören den Text zweimal.

1 Synonyme erkennen und lernen

a Kreuzen Sie an: Was ist keine synonyme Formulierung – A, B oder C?

	Wortgruppe	A		B		C	
1	sich interessieren für	sich begeistern für		etwas beschreiben		ein Interesse zeigen an	
2	ein Buch schreiben	ein Buch veröffentlichen		ein Buch kritisieren		ein Buch verfassen	
3	berühmt werden	beliebt sein		bekannt werden		Bekanntheit erlangen	
4	umkommen durch etwas	an etwas sterben		verenden durch etwas		ankommen auf etwas	
5	beeinflussen	abhängen von		sich auswirken auf		eine Wirkung haben auf	
6	Ergebnisse erhalten	zu einer Einsicht kommen		Resultate bekommen		Erfahrungen machen	
7	eine Basis schaffen	gründlich arbeiten		die Grundlage schaffen für		den Grundstein legen für	
8	mit Maßnahmen der Überprüfung beginnen	Test bestehen		Kontrollmaßnahmen einleiten		Überprüfungen starten	

5

b Hören Sie den Text ein erstes Mal. Welche Formulierung hören Sie – A, B oder C?

1	A	2		3		4		5		6	

Info

In den Aufgaben finden Sie häufig Synonyme zu den Wörtern im Hörtext. Lernen Sie Vokabeln also immer auch mit Synonymen.

c Wörtermarkt: Schreiben Sie neue Wörter auf Kärtchen und geben Sie diese in der Klasse herum. Wer weiß ein Synonym? Notieren Sie dieses auf der Rückseite! Vergessen Sie den Artikel und den Plural nicht!

die Umwelt

der Umweltschutz

die Umgebung, -en

die Ökologie

sich sorgen um

sich kümmern um

2 Die Aufgaben lesen und lösen

a Lesen Sie die Aufgaben 1–8. Markieren Sie wichtige Signalwörter. Wie lange brauchen Sie dafür?

Info

In der Prüfung haben Sie vor dem Hören zwei Minuten Zeit, um die Aufgaben zu lesen.

5

b Hören Sie den Text „Die erste Umweltaktivistin" noch einmal und kreuzen Sie die Lösung an.

1. Rachel Carson begeisterte sich … für die Natur und das Schreiben.

A ☐ schon als Kind
B ☐ erst als Erwachsene
C ☐ erst während des Studiums

2. Bereits in ihren ersten Büchern schreibt sie, dass

A ☐ der Mensch nicht Teil der Natur ist.
B ☐ der Mensch zur Natur dazugehört.
C ☐ der Mensch die Natur verstehen muss.

3. Das Thema Umweltschutz wurde für Rachel Carson

A ☐ sehr wichtig.
B ☐ ein Hobby.
C ☐ eine ehrenamtliche Aufgabe.

4. Nach einer Sprühaktion mit dem Insektengift DDT starben

A ☐ viele Menschen.
B ☐ nur Mücken und ihre Larven.
C ☐ viele Vögel.

5. Rachel Carson beschäftigte sich in ihrem Buch „Der stumme Frühling" mit

A ☐ den Auswirkungen von Insektengiften auf Menschen und Tiere.
B ☐ der Erforschung von Insektengiften.
C ☐ dem Sterben der Vögel.

6. Das Buch „Der stumme Frühling"

A ☐ veränderte die Begriffe „Umwelt" und „Ökologie".
B ☐ war eines der wichtigsten Umweltbücher damals.
C ☐ war der Beginn einer Bewegung für den Umweltschutz.

7. Nach dem Erscheinen des Buchs

A ☐ protestierten die Landwirtschaft und die Chemie-Industrie Amerikas.
B ☐ wurde es verboten.
C ☐ beglückwünschte Präsident John F. Kennedy die Autorin dazu.

8. Rachel Carsons Buch „Der stumme Frühling" beschreibt

A ☐ die Auswirkungen von chemischen Stoffen auf die Umwelt.
B ☐ das Entstehen der ersten Öko-Bewegung.
C ☐ die Erfindung von Insektengiften.

Training Schriftliche Kommunikation

▶ Textwiedergabe

1 Weitere Redemittel zur Textwiedergabe

a Schreiben Sie die Redemittel zur Wiedergabe eines Textes auf, die Sie in Kapitel 1 gelernt haben. Wer erinnert sich besser daran? ▶ Kapitel 1

b Tragen Sie weitere Redemittel der Textwiedergabe in die Tabelle unten ein.

Nach Aussagen des Autors … | Der Text gibt eine Definition des Begriffs „…". | Als Beispiele werden … genannt / angeführt. | Der Text benennt folgende Gründe für … | Der vorliegende Text hat das Thema „…". | Der Text informiert darüber, dass … | Der Text informiert über … | Im Text steht … | Laut Text gibt es … | Wie der Artikel beschreibt, … | Als Beispiel wird im Text … beschrieben. | „…" wird im Text so definiert: … | Der Artikel mit dem Titel „ …" behandelt das Thema … | Im Text werden Gründe für … genannt / angeführt / aufgezählt: … | Ein wichtiges Beispiel für … ist …

Thema des Textes	Beispiele
Informationen des Textes	**Definitionen**
	Begründungen

2 Eigenen Wortschatz benutzen

a Lesen Sie den folgenden Text und markieren Sie wichtige Informationen. Schreiben Sie Stichwörter an den Rand. ▶ Kapitel 1

Ein anderer Tourismus ist möglich

Für viele Länder ist der Tourismus eine Hoffnung auf wirtschaftliche Entwicklung: Er bringt Devisen und schafft Arbeitsplätze. Aber der Tourismus hat auch eine Schattenseite: Reisen verbraucht natürliche Ressourcen und belastet die Umwelt. Häufig führt das zum Verlust biologischer Vielfalt. Außerdem können sich durch die Konfrontation mit fremden Werten und Verhaltensweisen soziale und kulturelle Strukturen in den Ländern verändern und traditionelle und ökologisch angepasste Lebensweisen indigener Völker verschwinden.

Damit der Tourismus einen positiven Beitrag zu einer nachhaltigen Entwicklung leisten kann, muss er soziale, ökologische, kulturelle und wirtschaftliche Kriterien erfüllen. So kann man in manchen Gebieten Nachhaltigkeit nur durch einen kontrollierten Tourismus erreichen. Tourismus kann aber auch zur Finanzierung von sozialen Einrichtungen oder von Maßnahmen des Naturschutzes beitragen. Viele Nationalparks und andere Schutzgebiete wären heute ohne das Geld der Besucher nicht mehr finanzierbar. Andere, nicht ökologische Nutzungen wie z. B. intensive Landwirtschaft, hätten sich sonst aus wirtschaftlichem Interesse durchgesetzt.

Nur durch ein sorgfältiges Management kann der Tourismus Einkommen für die Bevölkerung in den beliebten Reiseländern schaffen und zu größerem Umweltbewusstsein von Touristen und einheimischer Bevölkerung beitragen.

b Hier finden Sie eine Textzusammenfassung, die Originalformulierungen des Textes enthält. Kreuzen Sie in der Tabelle unten an, welche Formulierung jeweils synonym ist.

Der Text mit dem Titel „Ein anderer Tourismus ist möglich" behandelt das Thema „Nachhaltiger Tourismus". Der Text informiert darüber, dass der Tourismus (1) Devisen bringt und (2) Arbeitsplätze schafft. Laut Text (3) hat er aber auch eine Schattenseite, als Beispiele dafür nennt der Autor (4) den Verbrauch natürlicher Ressourcen, die Belastung der Umwelt und den Verlust biologischer Vielfalt. Der Text informiert auch darüber, dass sich (5) durch den Tourismus soziale und kulturelle Strukturen verändern können.
Aber Tourismus kann auch (6) einen positiven Beitrag leisten, (7) wenn er soziale, ökologische, kulturelle und wirtschaftliche Kriterien erfüllt. Als Beispiel wird hier (8) ein kontrollierter Tourismus genannt, oder auch (9) die Möglichkeit, Einkommen für die einheimische Bevölkerung zu schaffen und (10) das Umweltbewusstsein von Touristen und einheimischer Bevölkerung zu vergrößern.

1. A ☐ Ausgaben verursachen
   B ☐ Einnahmen bringen
2. A ☐ Arbeitsplätze entstehen
   B ☐ Arbeitsplätze verschwinden
3. A ☐ problematisch und gefährlich sein
   B ☐ auch gute Seiten haben
4. A ☐ die Natur wird gebraucht und die biologische Vielfalt nimmt zu
   B ☐ die Natur wird ausgebeutet und zerstört, Pflanzen und Tierarten verschwinden
5. A ☐ der Tourismus verändert eine Gesellschaft kulturell und sozial
   B ☐ der Tourismus verändert sich kulturell und sozial
6. A ☐ gute Seiten haben
   B ☐ andere Seiten haben
7. A ☐ sozial, ökologisch, kulturell und wirtschaftlich wichtig sein
   B ☐ sozial, ökologisch, kulturell und wirtschaftlich angepasst sein
8. A ☐ ein die Umwelt kontrollierender Tourismus
   B ☐ ein geregelter und überwachter Tourismus
9. A ☐ der Bevölkerung vor Ort Geld zu geben
   B ☐ der Bevölkerung vor Ort die Möglichkeit geben, Geld zu verdienen
10. A ☐ mehr Wissen über Umweltschutz bei Touristen und Einwohnern schaffen
    B ☐ die Umwelt besser schützen

Info

Bei der Textzusammenfassung erwartet man von Ihnen einen weitestgehend eigenen Wortschatz. Deswegen sollten Sie die Informationen des Textes umschreiben. Einige wenige Formulierungen des Textes können Sie verwenden.

c Schreiben Sie eine Textwiedergabe des Textes von S. 27 und verwenden Sie dabei synonyme Formulierungen.

3 Bilden Sie Gruppen von je sechs Personen. Jede/r wählt sich ein Wort aus dem Text von S. 27 aus. Schreiben Sie das Wort auf einen Zettel und geben Sie ihn an Ihre Nachbarin / Ihren Nachbarn weiter. Sie oder er notiert ein Synonym zu diesem Wort, faltet dann das erste Wort um und gibt den Zettel weiter. Nun schreibt die / der Nächste in der Gruppe ein Synonym zu dem Wort auf den Zettel, das nicht weggefaltet wurde. Dann wird das gelesene Wort wieder weggefaltet und der Zettel wieder weitergegeben. Am Ende bekommt jeder seinen Zettel zurück. Prüfen Sie: Sind wirklich alle Wörter synonym? Sie dürfen Hilfsmittel benutzen.

Training Mündliche Kommunikation

▶ Vorgegebene Aspekte in Beziehung zum Thema setzen, den Vortrag gliedern

1 Die Aspekte des Themas

a Nationalparks: Arbeiten Sie zu zweit. Ergänzen Sie Aspekte, die Ihnen zum Thema „Nationalparks" einfallen und schreiben Sie diese in die leeren Felder des Schemas.

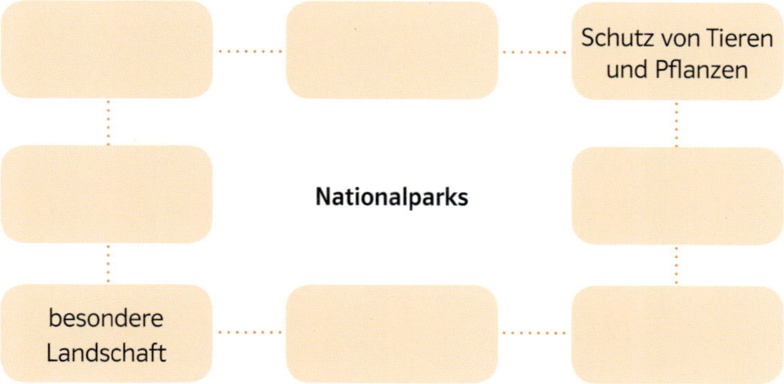

b Vergleichen Sie die Aspekte im Kurs.

c Erklären Sie, was Ihre Aspekte mit dem Hauptthema zu tun haben. Bilden Sie zu Ihren Aspekten je zwei, drei Sätze.

Ich habe den Aspekt Umweltschutz gewählt, weil Nationalparks geschaffen werden, um die Umwelt in einem bestimmten Gebiet zu schützen.

Info

Im ersten Teil der mündlichen Prüfung bekommen Sie ein Cluster zu einem Thema wie in Aufgabe 1a. Sie sollen drei bis fünf Minuten darüber sprechen und mindestens fünf der vorgegebenen Aspekte einbeziehen. Machen Sie dabei den Zusammenhang zwischen den Aspekten und dem Thema deutlich.

d Eine Definition: In dieser Wortschlange hat sich die Definition des Begriffes „Nationalpark" versteckt. Korrigieren Sie die Kleinschreibung und setzen Sie Satzzeichen.

einnationalparkisteinklardefiniertesausgedehntesgebietdasdurchspeziellemaßnahmen
vorschädlichenmenschlicheneingriffenundvorumweltverschmutzunggeschütztwirdmeist
sinddiesgebietedieökologischbesonderswertvollsindoderübernatürlicheschönheitverfügen
undimauftrageinerregierungverwaltetwerden

2 Eine Gliederung des Vortrags erstellen

a Wählen Sie fünf Aspekte aus Aufgabe 1a aus. Überlegen Sie: In welcher Reihenfolge wollen Sie über die Aspekte sprechen? Was wollen Sie zu jedem Aspekt sagen? Schreiben Sie Stichpunkte dazu. Vergessen Sie auch die Definition des Begriffs „Nationalpark" nicht. ▶ Kapitel 1

b Präsentieren Sie Ihre Gliederung und Stichpunkte in der Klasse und diskutieren Sie: Ist das eine sinnvolle Gliederung?

Tipp

Nutzen Sie die Aspekte, um eine Gliederung Ihres Vortrags zu erstellen. In welcher Reihenfolge sind Ihre gewählten Aspekte sinnvoll?

Portfolio 2: Aspekte zum Thema sammeln und Kriterien berücksichtigen

Info

In Ihrer Projektarbeit sollen Sie mehrere Seiten / Aspekte Ihres Themas präsentieren und diese durch konkrete Beispiele veranschaulichen.

1 Aspekte zu einem Thema sammeln

a Machen Sie ein Brainstorming. Beziehen Sie dabei auch Ihre Familie oder Ihre Freunde ein: Was möchten sie zu Ihrem Thema wissen? Notieren Sie alle Ideen auf einem großen Plakat oder auf Merkzetteln.

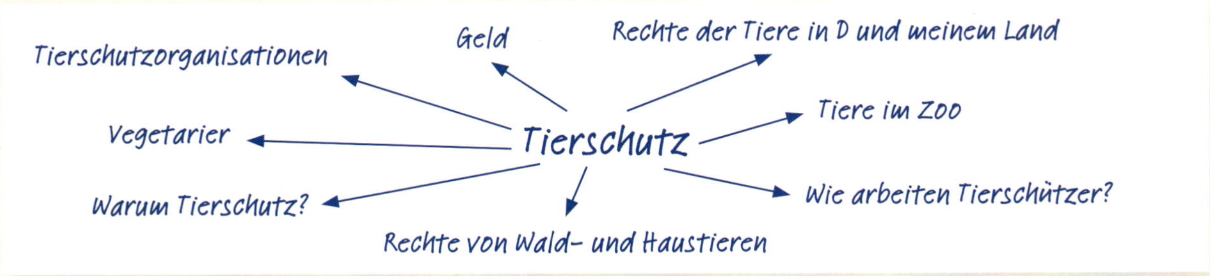

Tipp

Ergänzen Sie Ihr Ideenblatt schrittweise, es muss nicht sofort fertig sein. Nehmen Sie sich ein paar Tage Zeit dafür. In diesem Schritt sind alle Ideen willkommen.

2 DSD-Kriterien

Tipp

Bevor Sie sich endgültig für Ihr Thema entscheiden, sollten Sie sich über die Anforderungen der DSD II-Prüfung an das Thema der Projektarbeit informieren.

a Lesen Sie die Bewertungskriterien zum DSD II und ordnen Sie die Fragen A bis F den einzelnen Punkten zu.

Kriterien	Fragen	Mein Thema
1. Das Thema sollte problemorientiert sein, sodass der Schüler sinnvoll einen Standpunkt beziehen und verteidigen kann.	A	✓
2. Der Schüler muss im Vortrag unterschiedliche Blickweisen auf den Inhalt des Vortrags vorstellen, also nicht nur die eigene Position verdeutlichen.		
3. Literarische oder kunstgeschichtliche Themen müssen einen kontroversen Kern haben, damit eine Auseinandersetzung möglich ist.		
4. Das Thema darf nicht nur beschreibend oder historisch sein.		
5. Die Themen müssen einen Bezug zum deutschsprachigen Raum haben.		

A Was ist meine Meinung zu dem Thema?
B Wessen (welche) Perspektiven kann ich in Bezug auf mein Thema präsentieren?
C Beschreibt mein Thema nur einen historischen oder künstlerischen Sachverhalt?
D Gibt es bei meinem Thema eine Frage, die man kontrovers diskutieren kann?
E Wo gibt es bei meinem Thema den Bezug (Vergleich) zum deutschsprachigen Raum?
F Welche verschiedenen Standpunkte kann ich bei meinem Thema beschreiben?

b Prüfen Sie nun Ihre Aspekte. Erfüllen sie alle Kriterien? Haken Sie die Punkte ab, die Sie bereits haben.

Selbstevaluation

Ich habe gemacht ...		Ich bin zufrieden ...		
	✓	☺	😐	☹
Wortschatz				
Leseverstehen				
Hörverstehen				
Schriftliche Kommunikation				
Mündliche Kommunikation				
Projekt				

Meine Wortliste zum Thema „Umwelt“:

Sehen Sie sich noch einmal das Kapitel an und notieren Sie hier wichtige Wörter. Ergänzen Sie dann Ihre Notizen um Wörter, die Sie außerdem brauchen.

Wichtige Redemittel

Meine Lieblingswörter

3 Technik und Wissenschaft im Alltag

Wortschatztraining

1 ABC der Wissenschaften

a Finden Sie zu jedem Buchstaben des Alphabets eine Wissenschaft?

A: Arithmetik, B: Betriebswirtschaft, C: ...

b Wie lautet der Artikel der Wissenschaften?

Wissenschaften mit der Endung -ik	*die (feminin)*	Wissenschaften mit der Endung -ie	
Wissenschaften mit der Endung -schaft		Wissenschaften mit der Endung -kunde	

2 Was Wissenschaftler tun. Welche Nomen und Verben gehören zusammen? Formulieren Sie Beispielsätze.

präsentieren | durchführen | aufstellen | betreiben | beobachten | lehren | prüfen | schreiben

1. die Natur *beobachten*	5. an einer Universität
2. ein Experiment	6. Studenten
3. ein Ergebnis	7. einen Artikel
4. Forschung	8. eine These

3 Bilden Sie mithilfe des Präfixes ver- Verben, die eine Veränderung beschreiben. Ergänzen Sie noch eigene Beispiele.

x2	*verdoppeln*	klein	*verkleinern*
x3		kurz	
x4		groß	
x10		mehr	
x100		einfach	
viel		gering	

Training Hörverstehen

▶ Das Hörverstehen 2 wiederholen ▶ Kapitel 1

1 Lesen Sie zunächst den Text und beantworten Sie Fragen dazu.

Was sind Gene und wo findet man sie?

Alles, was lebt oder einmal gelebt hat, enthält Gene. Menschen und Fliegen genau so wie Schinken, Tomaten, Bakterien usw. Gene sind Informationseinheiten, die bestimmen, wie wir aussehen und welche vererbbaren Eigenschaften wir haben. Sie entscheiden zum Beispiel darüber, ob wir blaue oder braune Augen haben. Wir erben die eine Hälfte unserer Gene von unserer Mutter und die andere Hälfte von unserem Vater.

Auch Pflanzen haben Gene. Diese bestimmen zum Beispiel, welche Farbe ihre Blüten haben oder wie hoch sie wächst. Wie beim Menschen werden die Merkmale einer Pflanze auf ihre „Kinder" übertragen – auf die Pflanzensamen, die zu neuen Pflanzen heranwachsen.

Was ist gentechnische Modifikation oder Veränderung?

Wenn man einen Organismus, zum Beispiel eine Pflanze oder ein Tier, gentechnisch verändert, verändert man die genetisch festgelegten Merkmale dieses Lebewesens. Zum Beispiel können Erdbeeren gentechnisch so verändert werden, dass sie länger frisch bleiben. Ein anderes Beispiel ist Reis, der gentechnisch so manipuliert werden kann, dass er mehr Vitamine enthält.

Eine andere Möglichkeit, eine Pflanze gentechnisch zu modifizieren, ist es, ihr zusätzlich zu ihren eigenen Genen ein weiteres Gen hinzuzufügen, das aus einem anderen Lebewesen stammt. Dieses Gen kann zum Beispiel aus einem Bakterium stammen, das gegen ein bestimmtes Pflanzenschutzmittel resistent ist. Wenn ein Wissenschaftler nun dieses Gen in das Genom der Pflanze einbaut, so hat dies zur Folge, dass die – nun gentechnisch veränderte – Pflanze ebenfalls unempfindlich gegen dieses Pflanzenschutzmittel wird. Mithilfe der Gentechnik ist es also möglich, Gene von einer Gattung auf eine andere zu übertragen. Das funktioniert deshalb, weil alle Gene, sowohl menschliche wie auch pflanzliche, tierische und bakterielle Gene, aus dem gleichen Material aufgebaut sind. Den Wissenschaftlern stehen somit, zumindest theoretisch, große Mengen an genetischen Merkmalen zur Verfügung, aus denen sie auswählen können.

1. Wo finden wir Gene?
2. Was bestimmen die Gene?
3. Was passiert, wenn man Lebewesen gentechnisch verändert?
4. Welche zwei Methoden der gentechnischen Veränderung gibt es?
5. Warum ist es möglich, Gene von einer Gattung auf die andere zu übertragen?

2 Ein Wort passt nicht.

1. Lebewesen: Organismus – Tier – Pflanze – Stein – Mensch
2. Merkmale sind: festgelegt – bestimmt – verankert – festgesetzt – festgeklebt
3. Gene: verändern – modifizieren – ändern – ausschalten – anpassen
4. etwas zur Folge haben – jemanden / etwas verfolgen – eine Folge sein von – folgen aus + D – etwas mit sich bringen
5. aufgebaut sein aus – bestehen aus – kommen aus – zusammengesetzt sein aus
6. das Merkmal – das Charakteristikum – die Eigenschaft – das Denkmal

3 Wörter verstehen: Wählen Sie schwierige oder für Sie neue Wörter aus dem Text oben aus und schreiben Sie Vokabelkärtchen. Notieren Sie andere Wörter aus der gleichen Wortfamilie oder wichtige Komposita.

vererbbar (Adjektiv)

Verb: erben + A / vererben + D + A
Nomen: das Erbe / die Vererbung
Adjektive: erblich / vererbt = angeboren
vererbbar = etwas kann vererbt werden

übertragen (Verb) = weitergeben

Nomen: die Übertragung
Adjektiv: übertragbar

4 Aussagen Personen zuordnen

a Lesen Sie die drei Haltungen A – C zum Thema „Gentechnik". Welche der Aussagen unten passt zu welcher Haltung? Ordnen Sie zu.

A Person lehnt Gentechnik ab.
B Person findet Gentechnik weder positiv noch negativ.
C Person findet die Perspektiven der Gentechnik gut.

1. Nichts ist nur gut oder schlecht.
2. … gehört nur ins Labor!
3. Es besteht die Hoffnung, dass Krankheiten geheilt werden können.
4. Wir sollten die Finger davon lassen.
5. Dazu habe ich keine Meinung.
6. Das ist nicht eindeutig.
7. … ist eine große Chance.
8. Davon halte ich gar nichts.

Info

Eine Aussage erst ganz zu hören, sich wenige Stichwörter zu notieren und sie dann damit selbst zu formulieren – das kann Ihnen helfen, die richtige Lösung zu finden. Konzentrieren Sie sich beim ersten Hören nicht so sehr auf Details, sondern versuchen Sie, die globale Aussage zu verstehen. Erweitern Sie beim zweiten Hören Ihre Notizen, das erleichtert es Ihnen, die Aussagen zuzuordnen.

6–9

b Hören Sie jetzt 4 Personen zum Thema „Gentechnik". Entscheiden Sie beim Hören, welche Aussage (A, B oder C) zu welcher Person passt. ▶ Kapitel 1

	A	B	C
	Person lehnt Gentechnik ab.	Person weiß nicht, was Gentechnik ist.	Person findet die Perspektiven der Gentechnik gut.
Person 1			
Person 2			
Person 3			
Person 4			

6–9

c Hören Sie die Personen noch einmal. Kreuzen Sie während des Hörens an, ob folgende Aussagen von den Sprechern gemacht werden. Zwei Aussagen hören Sie nicht.

A Die Gentechnik ist eine Hoffnung für viele Hungernde auf der Welt.
B Der Einsatz der Gentechnik sollte auf die Heilung von Krankheiten beschränkt sein.
C Die Gentechnik ist eine große Chance für Allergiker.
D Die Folgen der Erbgutmodifikation sind noch unbekannt.
E Sowohl die Chancen als auch die Risiken von Gentechnik müssen wissenschaftlich bewiesen werden.
F Von der Gentechnik werden nur wenige profitieren.

	A	B	C	D	E	F
Person 1						
Person 2						
Person 3						
Person 4						

Training Leseverstehen

▶ Das Leseverstehen 3 kennenlernen

1 Beziehungen im Text

a Welche beiden Sätze gehören zusammen?

1	Stau ist Stress.	A	Eine Idee dafür gibt es bereits.
2	Die Autos fahren im Schneckentempo.	B	Deshalb versucht man oft, ihn zu umfahren.
3	Verstopfte Straßen sind ein großes Problem.	C	Sie suchen nach Alternativen.
4	Die Wissenschaftler arbeiten an neuen Verfahren.	D	Schon aus ökologischen Gründen sollte es gelöst werden.
5	Eine Lösung des Verkehrsproblems muss gefunden werden.	E	Dadurch ließe sich der Stau vermeiden.
6	Eine Möglichkeit könnte das neue Transportsystem Cargo Cap sein.	F	Bei geringer Geschwindigkeit braucht der Motor viel Benzin.

1 B, ______

b Welche Wörter zeigen Ihnen, dass die Sätze zusammengehören? Welche Beziehungen haben diese Wörter? Tauschen Sie sich mit Ihrer Nachbarin / Ihrem Nachbarn aus.

Beispiel:

1. B, weil „ihn" sich auf das Wort „Stau" bezieht.
2. ____, weil ______
3. ____, weil ______
4. ____, weil ______
5. ____, weil ______
6. ____, weil ______

Info

In der dritten Aufgabe des Leseverstehens sollen Sie fünf Lücken eines Textes schließen. Sie haben dafür sieben Sätze zur Auswahl. Schauen Sie sich genau den Satz vor und nach der Lücke an und achten Sie auf Synonyme, Verweiswörter und Konnektoren.

c Lesen Sie den Text. Schreiben Sie alle Wörter, die für „Cargo Cap" stehen, in die Kästchen unten.

Cargo Cap muss man sich wie ein unterirdisches Rohrpostsystem vorstellen. Diese Art des Gütertransports ist eine Transportalternative für die Zukunft. Mit Cargo Cap verschwinden die Staus auf den Straßen. Mithilfe dieses Tunnelsystems lassen sich auch Umweltprobleme lösen. Lästiger Lärm und Abgase verschwinden durch dieses unterirdische Versandsystem. Dieser Möglichkeit, Güter zu transportieren, gehört die Zukunft und sie ist gar nicht mehr weit entfernt.

Cargo Cap = unterirdisches Rohrsystem = ______ = ______ =

______ = ______ = ______

Info

Wichtige Begriffe werden umschrieben oder durch Synonyme ersetzt.

d Lesen Sie den kleinen Text und markieren Sie alle Wörter, die für den Begriff „Cargo Cap" stehen.

Das „Cargo Cap System" muss man sich wie ein unterirdisches Rohrpostsystem vorstellen. Es ist die Transportalternative für die Zukunft. Mit ihm verschwinden die Staus auf den Straßen. Mit seiner Hilfe lassen sich auch Umweltprobleme lösen: Dadurch werden lästiger Lärm und Abgase reduziert. Es ist eine Möglichkeit, Güter zu transportieren. Diesem System gehört die Zukunft – sie ist gar nicht mehr weit entfernt.

Cargo Cap System = ______ = ______ = ______ = ______ = ______ = ______

Info

Wichtige Begriffe können durch Pronomen oder Pronominaladverbien ersetzt werden.

e Markieren Sie durch Pfeile und Kreise wie im Beispielsatz, wie der mittlere Satz mit dem Satz davor und danach verbunden ist.

Beispiel:
Jeden Tag staut sich der Verkehr in Ballungszentren. Dann geht in den Metropolen nichts mehr. Alles steht still.

1. Cargo Cap wurde für den Nah- und Regionalbereich von Ballungsräumen konzipiert. Es ist als Alternative zu den bereits existierenden Transportwegen Straße, Schiene, Wasser und Luft entstanden. Auf diese soll aber nicht verzichtet werden.

2. Mit einer Durchschnittsgeschwindigkeit von 36 Kilometer pro Stunde fahren die Transportbehälter, auch Cargo Caps genannt, 24 Stunden pro Tag. Das ist immerhin viermal so schnell wie ein LKW in einer Stadt. Ein weiterer Vorteil ist der umweltfreundliche Antrieb durch einen Elektromotor.

2 So sieht die Aufgabe in der Prüfung aus: Setzen Sie den richtigen Satz aus der Satzliste in die Lücken. Ein Satz bleibt übrig. Begründen Sie Ihre Entscheidung.

A	Das ist der wesentliche Unterschied zur Bahn oder zur Rohrpost.
B	Das Postversandsystem ist nun aber veraltet.
C	Nun wird diese Idee wieder aufgegriffen.

Technik löst Verkehrsproblem

Modernes Verkehrsmittel „Cargo Cap" – ein Bochumer Forschungsprojekt

Vom Anfang bis zur Mitte des 20.Jahrhunderts wurde in Chicago ein Rohrpostsystem erprobt und auch die Londoner Post betrieb etwa zur gleichen Zeit ein unterirdisches Postversandsystem. ______________. Professor Dietrich Stein von der Uni Bochum hat das Konzept mit führenden Experten aus Wirtschaft und Wissenschaft weiterentwickelt. Das neue System heißt „Cargo Cap". Im Versuchsprogramm und auf der Teststrecke hat sich diese Transportalternative schon bewährt. Eine intelligente Software übernimmt die computergestützte Steuerung der Transportbehälter, Caps genannt. Sie steuert jeden einzelnen Wagen im Rohrleitungssystem.______________. Die Caps fahren zwar im Verbund wie ein traditioneller Zug, sind aber individuell steuerbar. Dadurch wird das System flexibel. Die Wagen werden nicht nur durch eine intelligente Software gesteuert, sondern auch durch elektromagnetische Impulse vorwärts bewegt. Erst durch die Anwendung moderner Technik kann das alte Rohrpostsystem zu einer neuen Lösung für die Verkehrsprobleme werden.

Training Mündliche Kommunikation

▶ Die Reihenfolge der Aspekte festlegen, Stichpunkte zu den Aspekten machen, eine Folie erstellen

1 Kurzvortrag: Aspekte auswählen und gliedern

a Wählen Sie fünf Aspekte zum Thema „Wissenschaft“ aus und notieren Sie Stichpunkte dazu.

Wissenschaft

- Reisen in den Weltraum
- Bionik
- Entdeckungen
- Fortschritt
- …
- Verkehr
- Alternative Energiequellen
- Gentechnik

b Gliedern Sie die Reihenfolge Ihrer Aspekte.

Wissenschaft

1. Entdeckungen: – das Erste, woran man bei Wiss. denkt
– wichtige Entd.: Penicillin, Bekämpfung von Infektionskrankheiten, weniger Tote
– Entdeckung der Radioaktivität: neue Energiequelle

2. Verkehr: ...

Tipp

Sie können die Struktur Ihres Kurzvortrags auf eine Overheadfolie schreiben und während des Vortrags an die Wand projizieren. So erhalten die Zuhörer einen Überblick über die Struktur Ihres Vortrags.

➤ Nun haben Sie den Vortrag inhaltlich vorbereitet. Wichtig für einen guten Monolog ist es, diese Struktur zu verbalisieren, d.h. die Struktur zu erläutern.

2 Kurzvortrag: Den Aufbau erläutern

a Schreiben Sie die Redemittel für die Einleitung, die Überleitungen von einem Aspekt zum nächsten und den Abschluss Ihres Vortrags in eine Tabelle in Ihr Heft.

Das Thema meiner ersten Aufgabe lautet … | Abschließend kann ich sagen, dass … | Nun komme ich zum nächsten Punkt. | Das führt mich zum nächsten Punkt. | Heute möchte ich über … sprechen. | Unter … versteht man zunächst … | Was bedeutet das nun für …? | Der nächste Aspekt betrifft … | Zum Abschluss lässt sich sagen, dass … | Nachdem ich diesen Aspekt erläutert habe, komme ich nun zu … | Der letzte Punkt meines Vortrags handelt von … | Ich möchte das gern genauer erklären. | Mein Vortrag gliedert sich in fünf Aspekte.

Einleitung	*Überleitungen*	*Abschluss*
Das Thema meiner Aufgabe lautet ...		

b Halten Sie nun einen Monolog zum Thema „Wissenschaft“. Benutzen Sie die Redemittel für die Struktur.

3 Übungen für das freie Sprechen

a Differenzieren üben

1. Sie bekommen von Ihrer Lehrerin / Ihrem Lehrer eine Karte mit einem Begriff und einem Plus (+) oder Minus (–) dazu.
2. Stehen Sie auf und finden Sie sich zu Paaren mit dem jeweils gleichen Begriff zusammen. Legen Sie fest, wer von Ihnen beginnt: Sprechen Sie über den Begriff auf Ihrer Karte: Nennen Sie Vorteile oder positive Aspekte zu Ihrem Begriff, wenn Sie ein Plus auf der Karte sehen, sprechen Sie über Nachteile oder negative Aspekte, wenn Sie ein Minus auf der Karte haben. Ihr Partner soll dann widersprechen. Nutzen Sie dafür die unten vorgegebenen Redemittel.
3. Tauschen Sie dann Ihre Karten mit einem anderen Paar.

Fortschritt
+

Fortschritt
–

Dank des Fortschritts steigt der Lebensstandard der Menschen. Es gibt heutzutage eine bessere medizinische Versorgung, …

Ich bin nicht so sicher. Trotz des Fortschritts leben viele Menschen weltweit in Armut, viele können nicht …

Da bin ich ganz anderer Meinung. | Ich stimme leider nicht mit Ihnen überein. | Ich kann dir in diesem Punkt leider nicht zustimmen. | Das bezweifle ich. | Ich sehe das ganz anders. | Ich muss dir leider widersprechen.

Info

Ein Thema von zwei oder mehr Seiten betrachten zu können, ist sowohl für die mündliche Prüfung als auch für den Prüfungsteil Schriftliche Kommunikation sehr wichtig.

b Einen Gruppenvortrag halten

1. Arbeiten Sie in Gruppen zu viert. Wählen Sie ein Thema für einen Monolog und gliedern Sie es in drei Aspekte. Notieren Sie jeden Aspekt auf eine Karte. Auf eine weitere Karte schreiben Sie das Wort „Einleitung".
2. Jedes Gruppenmitglied zieht eine Karte und bereitet sich ca. fünf Minuten auf ihren / seinen Aspekt vor.
3. Die / der Erste beginnt mit der Einleitung. Danach sprechen die anderen zu ihrem Aspekt. Hören Sie aufmerksam zu und nehmen Sie Bezug auf Ihre Vorrednerin / Ihren Vorredner. Bemühen Sie sich, einen gemeinsamen Vortrag zu halten.

c Einen dreiminütigen Kurzvortrag halten

1. Schreiben Sie Karten zu verschiedenen Themen und notieren Sie fünf Aspekte darunter, über die gesprochen werden soll.
2. Jeder zieht eine Karte und hält dann einen dreiminütigen Vortrag zum Thema, in dem alle Aspekte angesprochen werden. Benutzen Sie auch die Redemittel aus Aufgabe 2a.

Schule
- Freunde
- Fächer
- Lehrer
- Hausaufgaben
- Noten

Sport
- Hobby
- Gesundheit
- Verletzungen
- Doping
- Wettkämpfe

Studium im Ausland
- Fremdsprachen
- neue Freunde
- Geld
- Beruf
- Land

Wortschatztraining

▶ Grafiken lesen und beschreiben

1 Grafiken beschreiben

a Welche Formen von Diagrammen gibt es? Ordnen Sie zu.

1 Balkendiagramm | 2 Torten- oder Kreisdiagramm | 3 Linien- oder Kurvendiagramm | 4 Säulendiagramm

☐ 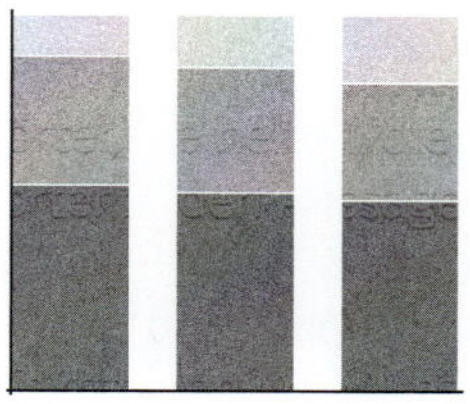

☐ 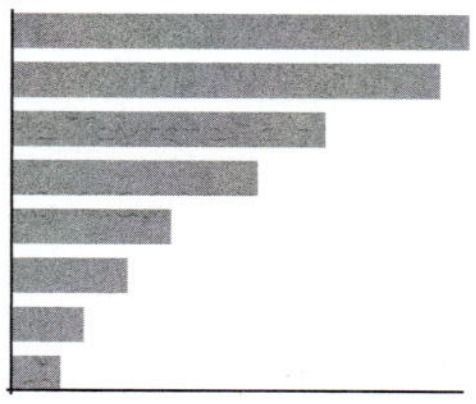

☐ 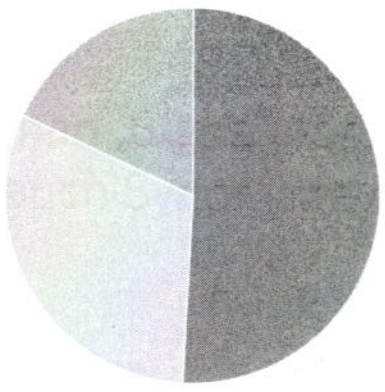

☐ 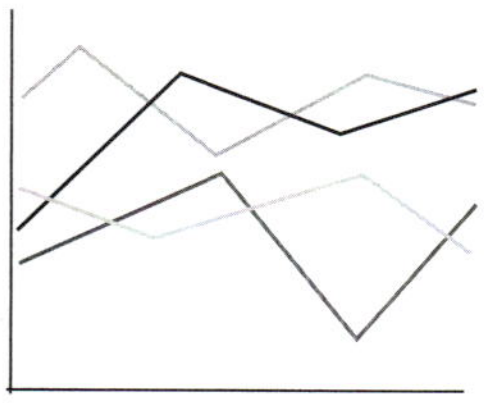

b Entwicklungen: Schreiben Sie Verben aus dem Kasten an die entsprechenden Pfeile.

↑ zunehmen | steigen | sich erhöhen | sinken | fallen | abnehmen | sich verringern | zurückgehen | schrumpfen | wachsen | ansteigen ↓

c Wie heißen die Nomen zu den Verben? Arbeiten Sie mit einem Wörterbuch.

d Sehen Sie sich die Grafik an und ergänzen Sie den Lückentext mit dem passenden Vokabular.

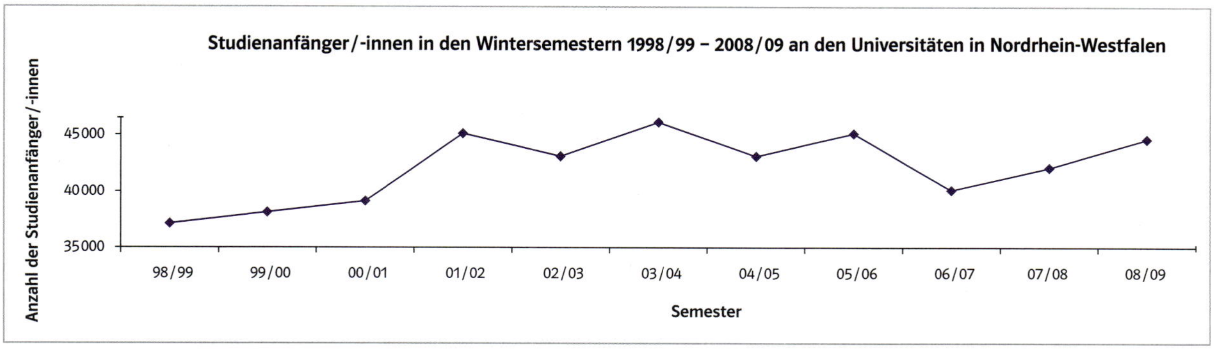

fiel | Rückgang | zugenommen | Anstieg | erhöhte | stiegen | ging zurück

Die Statistik informiert über die Zahl der Studienanfänger/-innen in den Wintersemestern von 1998/99 bis 2008/09 an den Universitäten Nordrhein-Westfalens. Man kann ganz deutlich sehen, dass die Zahl der Studienanfänger/-innen seit dem Wintersemester 1998/99 ständig ____________ hat. Der ____________ stoppte im Wintersemester 2001/02. Man sieht einen leichten ____________ der Zahlen im folgenden Jahr. Danach ____________ die Studentenzahlen allmählich wieder an. Im Wintersemester 2006/2007 ____________ die Anzahl der Studienanfänger/-innen stärker ____________. Sie ____________ von etwas mehr als 44000 auf 40000. In den darauffolgenden Jahren ____________ sich die Zahl der Studienanfänger/-innen wieder kontinuierlich und erreichte wieder 44000.

e Wie kann etwas steigen, fallen, wachsen usw.? Lesen Sie den Text von Aufgabe 1d nochmal und notieren Sie. Ergänzen Sie weitere Wörter.

ständig, ____________

Tipp

Charakterisieren Sie Entwicklungen auch durch Adverbien und Adjektive.

Training Schriftliche Kommunikation

▶ Den Inhalt von Grafiken wiedergeben

Info

In der ersten Teilaufgabe des Prüfungsteils *Schriftliche Kommunikation* bekommen Sie neben einem Text auch eine oder zwei Grafiken. Sie sollen diese lesen und die wichtigsten Informationen daraus in Ihrem Text wiedergeben.

1 Allgemeine Angaben

a Arbeiten Sie zu zweit. Sehen Sie sich die folgenden Grafiken an und notieren Sie Stichpunkte zu einer der beiden Grafiken.

Checkliste

- Titel der Grafik
- Quelle
- Zeitraum der Angaben
- Art der Grafik
- Art der Angaben (Prozent / Tausend)

Lieblingsfächer der Studenten
Die beliebtesten Studienfächer im WS 2009/10 in Nordrhein-Westfalen

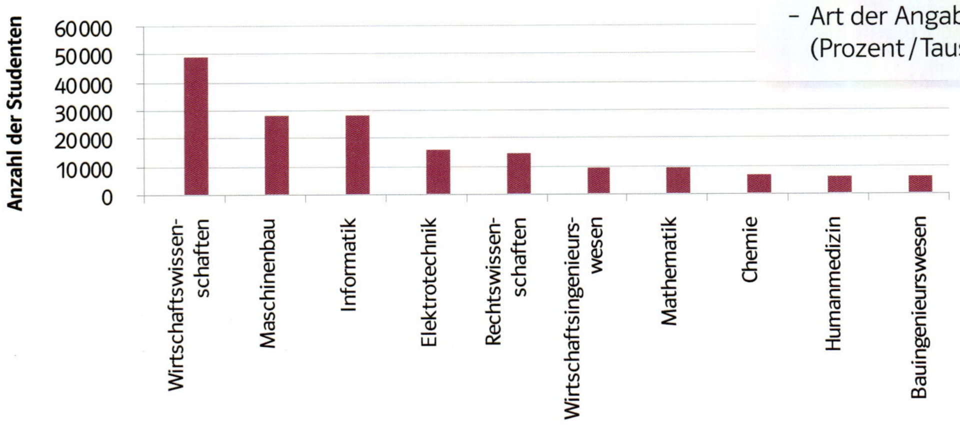

Quelle: Information und Technik NRW, Düsseldorf, 2010

Studentinnen erobern die Technik
Anzahl der weiblichen Studierenden in den Wintersemestern 1999/2000 – 2009/10 in ausgewählten Fächern (Nordrhein-Westfalen)

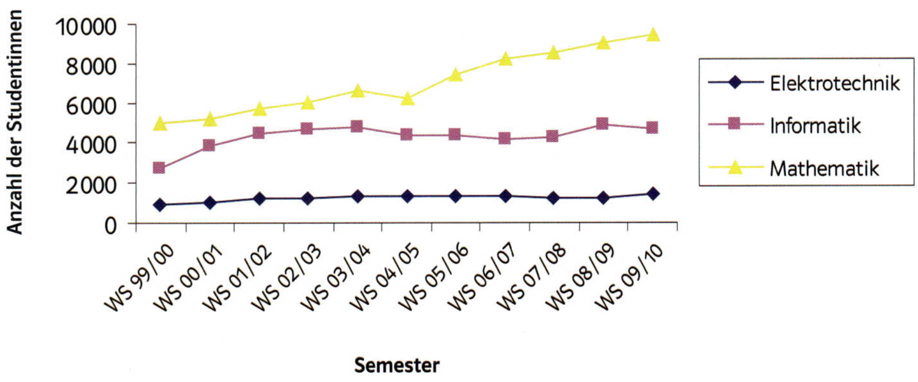

Quelle: Information und Technik NRW, Düsseldorf, 2011

b Tragen Sie die Informationen Ihrer Gesprächspartnerin / Ihrem Gesprächspartner vor. Benutzen Sie die folgenden Redemittel.

Der Titel der Grafik lautet: … | Thema der Grafik ist … | Die vorliegende Grafik ist ein …diagramm | Die Grafik informiert darüber, wie viel … | Alle Angaben sind in % / in Zahlen / in Millionen angegeben. | Die Statistik wurde von … veröffentlicht und stammt aus dem Jahr … | Sie unterscheidet zwischen …

2 Mengen und Anteile beschreiben

a Lesen Sie die Beschreibung der Grafik „Die Lieblingsfächer der Studenten“ (S. 40). Unterstreichen Sie die Formulierungen, mit deren Hilfe Sie Mengen beschreiben können.

Die Grafik gibt Auskunft darüber, wie viele Studenten in Nordrhein-Westfalen im Wintersemester 2009 / 2010 welches Studienfach studierten. Die meisten Studenten wählten das Fach Wirtschaftswissenschaften, ihre Zahl betrug knapp 50 000. Deutlich weniger Studenten, ca. 30 000, entschieden sich für ein Maschinenbaustudium. Annähernd gleich groß war die Anzahl der Informatikstudenten in diesem Semester. Viel weniger Studenten, nämlich nur etwas mehr als 15 000, hatten sich dagegen im Fach Elektrotechnik immatrikuliert.

b Erstellen Sie eine Liste mit den Redemitteln aus 2a und ergänzen Sie weitere Beispiele.

Mengen / Anteile beschreiben:
- die meisten
- ...

3 Entwicklungen beschreiben

a Ergänzen Sie die Beschreibung der Grafik „Studentinnen erobern die Technik“ (S. 40) mit den Wörtern aus dem Kasten.

verdoppelt | Wachstum | zugenommen | Zunahme | zurückgegangen

Die vorliegende Grafik zeigt, wie sich die Anzahl der Studentinnen in den Fächern Elektrotechnik, Informatik und Mathematik im Zeitraum vom Wintersemester 1999 / 2000 bis zum Wintersemester 2009 / 2010 entwickelt hat. Man kann deutlich sehen, dass die Zahl der Mathematikstudentinnen in diesen zehn Jahren stark ______________ hat. Ihre Anzahl hat sich ______________. Nur im Wintersemester 2004 / 2005 ist die Zahl leicht ______________. Auch im Studienfach Informatik kann man eine leichte ______________ der Studentinnenzahlen feststellen. Der Anstieg fand vor allem in den Jahren 1999 bis 2004 statt. Im Vergleich zu den Mathematikstudentinnen ist die Anzahl der Elektrotechnikstudentinnen nach wie vor gering. Dennoch lässt sich auch hier ein geringes ______________ der Zahlen beobachten.

b Notieren Sie in Ihrem Heft Formulierungen, mit deren Hilfe Sie Entwicklungen beschreiben können. Ergänzen Sie weitere Redemittel.

4 Die Hauptaussage einer Grafik zusammenfassen

Formulieren Sie je einen abschließenden Satz für die Beschreibung der beiden Grafiken. Vergleichen Sie Ihre Sätze anschließend im Kurs. Notieren Sie weitere Redemittel.

Die Aussagen einer Grafik zusammenfassen:
- Abschließend kann man sagen, dass ...
- Insgesamt lässt sich feststellen, dass ...

Info

Es gibt drei Arbeitsschritte für die Analyse einer Grafik:
1. Formulieren Sie die allgemeinen Angaben zur Grafik.
2. Beschreiben Sie den Inhalt der Grafik. Konzentrieren Sie sich auf die wichtigsten Informationen.
3. Fassen Sie die Hauptaussage der Grafik in einem abschließenden Satz zusammen.

5 Bringen Sie andere Grafiken mit und verteilen Sie diese in der Klasse. Je drei Personen beschreiben dieselbe Grafik. Vergleichen Sie Ihre Beschreibungen und machen Sie aus den besten Teilen eine vierte Beschreibung.

Portfolio 3: Material sammeln

1 Sie sollen verschiedene Aspekte Ihres Themas darstellen. Dazu brauchen Sie Material. Zeichnen Sie eine Tabelle wie unten in Ihr Heft. Wählen Sie die wichtigsten Aspekte (3 bis 5) aus. Überlegen Sie, was für Material Sie brauchen, wo Sie das finden und ob Ihnen jemand dabei helfen kann.

Mein Thema

Aspekte	*Was brauche ich?*	*Wo finde ich das?*	*Wer kann mir helfen?*	...
1.				
2.				
3.				

2 Lesen Sie diese Methoden zur Materialsammlung und ordnen Sie zu, welche Stärken bzw. Vorteile jede Methode hat.

Interview mit einem Experten	
Umfrage in der Schule / auf der Straße	
eine Statistik verschiedener Fakten erstellen	
Vergleich von Meinungen zu einem Thema	
Tagebuch (Beobachtung)	
Nachforschungen zu einem neuen Aspekt	
Quellenrecherche	
Bildmaterial sammeln	
Vergleich von Daten zu Deutschland und zu Ihrem Land	

A Dieser Vergleich mit Deutschland ist für jedes Thema obligatorisch und hilft Ihnen Schlussfolgerungen zu ziehen.
B Die Methode erlaubt Ihnen, das Thema vielseitig darzustellen.
C Ein Gespräch mit einer oder mehreren Personen ist dann sinnvoll, wenn Sie einen persönlichen Standpunkt zu einem Aspekt Ihres Themas erfahren wollen.
D Grafische Darstellungen (Diagramme) sind gut geeignet, um allgemeine Entwicklungen anschaulich zu machen.
E Literatur-, Internetrecherche und / oder die Auswertung von Zeitschriften ist bei jedem Thema nötig, um das Thema glaubwürdig und komplex zu präsentieren.
F Tägliche Eintragungen können Sie disziplinieren. Sie eignen sich auch gut bei Themen, bei denen Sie eine Entwicklung beobachten können (politische Beziehungen, ...).
G Die Gegenüberstellung von Meinungen von Vertretern verschiedener Gruppen (Frauen – Männer, drei Generationen, verschiedene Berufsgruppen, ...) zeigt, warum die Einstellung zu einem Thema von Gruppe zu Gruppe unterschiedlich ist und wovon sie abhängt.
H Ein Gespräch mit einem Fachmann ist empfehlenswert, wenn Sie eine fundierte Meinung zu einem Thema haben wollen.
I Karikaturen, Fotos, Bilder veranschaulichen Ihr Thema und machen Ihre Präsentation interessant.

b Besprechen Sie in der Klasse, welche Form sich am besten für Ihr Thema eignet.

Tipp

Benutzen Sie für Ihre Recherche im Internet, in der Bibliothek etc. vor allem deutschsprachige Quellen. Legen Sie sich ein Glossar mit den wichtigsten Begriffen zu Ihrem Thema an und führen Sie ein exaktes Quellenverzeichnis. ▶ Kapitel 6, 10

Selbstevaluation

Ich habe gemacht ...		Ich bin zufrieden ...		
	✓	☺	😐	☹
Wortschatz				
Hörverstehen				
Leseverstehen				
Mündliche Kommunikation				
Wortschatz				
Schriftliche Kommunikation				
Projekt				

Meine Wortliste zum Thema „Wissenschaft und Technik“:

Sehen Sie sich noch einmal das Kapitel an und notieren Sie hier wichtige Wörter. Ergänzen Sie dann Ihre Notizen um Wörter, die Sie außerdem brauchen.

Wichtige Redemittel

Meine Lieblingswörter

4 Ausbildung & Studium

Wortschatztraining

1 Über die Schule sprechen

a Welches Verb passt? Manchmal gibt es auch mehrere Möglichkeiten.

~~besuchen~~ | gehen | suchen | lernen | erwerben | teilnehmen | absolvieren | erhalten | ablegen | beginnen | bekommen

die Grundschule / Realschule *besuchen*

auf das Gymnasium ____________

den Schulabschluss ____________

an Kursen ____________

ein Studium ____________

ein Praktikum ____________

das Abitur / die Hochschulreife ____________

ein Zertifikat / eine Bescheinigung ____________

einen Ausbildungsplatz ____________

einen Beruf ____________

b Ergänzen Sie die passenden Verbformen in der richtigen Zeitform.

Marek Janowski *hat* in Polen sechs Jahre lang die Grundschule *besucht*. Von 2004 bis 2010 ____________ er auf das Lyzeum ____________. Hier hat er die Hochschulreife ____________. Für ihn war es sehr wichtig, den Schulabschluss zu ____________. In der 10. Klasse muss man ein Praktikum ____________. Marek hat das im Städtischen Krankenhaus gemacht. Dafür hat er eine Bescheinigung ____________. Jetzt ____________ Marek einen Ausbildungsplatz. Später möchte er ein Studium ____________. Deshalb ____________ er jetzt schon an Abendkursen ____________.

die Hochschulreife = Prüfung, die zum Studium berechtigt, in Deutschland: das Abitur, in Österreich: die Matura

2 Finden Sie im Wortgitter 10 Wörter zum Thema Studium. Können Sie die Begriffe erklären?

Studium: ____________

____

____

____

____

____

____

____

V	Q	A	V	I	B	H	D	D	M	M	F	H
O	D	O	Z	E	N	T	B	T	E	X	T	A
R	I	D	H	Y	Q	M	G	Y	N	Ä	S	U
L	D	S	E	M	I	N	A	R	S	A	P	S
E	R	E	F	E	R	A	T	Q	A	R	H	A
S	T	U	D	I	E	N	G	E	B	Ü	H	R
U	S	T	U	D	E	N	T	I	N	M	D	B
N	V	G	S	E	M	E	S	T	E	R	U	E
G	D	Q	K	O	A	K	X	K	D	B	M	I
U	N	I	V	E	R	S	I	T	Ä	T	E	T

Training Schriftliche Kommunikation

▶ Die Informationen einer Grafik, die Ergebnisse einer Umfrage wiedergeben

1 Wiederholung: Eine Grafik analysieren ▶ Kapitel 3

a Analysieren Sie die Grafik. Beachten Sie dabei die Arbeitsschritte auf der Checkliste.

Die deutsche Sprache in der Welt
Gesamtzahl der Deutschlerner in ausgewählten Ländern

Ägypten	112 695
Äthiopien	210
Kongo	12
Oman	476
Sambia	20
Belgien	113 769
Dänemark	214 700
Frankreich	1 037 885
Polen	2 345 480
Tschechien	440 952
Panama	225
Uruguay	1 900
Honduras	228
Australien	107 000
Kambodscha	35
Mongolei	2 576
Vietnam	2 294

Quelle: Netzwerk Deutsch, Berlin, 2010

Checkliste

<u>1. Arbeitsschritt</u>
Titel:
Quelle:
Zeitraum:
Art der Grafik:
Art der Angaben:

<u>2. Arbeitsschritt</u>
1. Platz:
2. Platz:
Interessantes:
Vergleich:

<u>3. Arbeitsschritt</u>
zusammenfassende Aussage:

b Sprechen Sie mit Ihrer Nachbarin / Ihrem Nachbarn über die Grafik.

Tipp

Sie sollen nicht alle Details der Grafik wiedergeben. Wählen Sie z. B. den größten oder kleinsten Wert aus, vergleichen Sie und wählen Sie besonders auffällige Informationen aus.

2 Umfragen beschreiben

a Eine Grafik trägt den folgenden Titel. Ergänzen Sie die Angaben im Lückentext.

„Warum lernst du Deutsch?"
Umfrage unter 155 Schülern (130 Mädchen / 25 Jungen) an einem polnischen Lyzeum in Lodz, September 2010

Die Statistik ist das Ergebnis einer Umfrage aus dem Jahr (1) ______________________. Es wurde gefragt: (2) ______________________. Die Umfrage wurde unter Jugendlichen an einem (3) ______________________ durchgeführt. Insgesamt wurden (4) ______________________ Personen befragt. Die Statistik unterscheidet zwischen (5) ______________________ und ______________________. Von insgesamt (6) ____________ Schülerinnen antworteten …

b Blättern Sie um, sehen Sie sich die Ergebnisse der Umfrage an und ergänzen Sie den Text mit den fehlenden Informationen aus der Grafik.

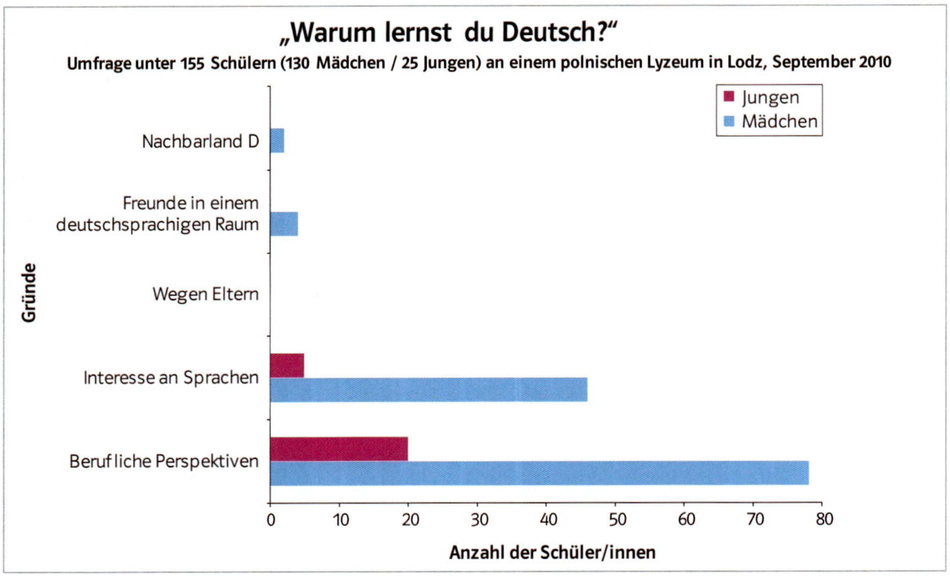

Quelle: Asnyk Lyzeum Łódz, September 2010

… 77, dass sie wegen der (7) __________________ Deutsch lernen. Für die Mehrzahl der Jungen ist dies auch wichtig, (8) __________________ Schüler gaben diesen Grund an. Deutlich mehr Mädchen, nämlich (9) __________________ haben Interesse an Sprachen, während nur (10) __________________ Jungen aus diesem Grund Deutsch lernen. Im Vergleich dazu lernt niemand wegen der (11) __________________ Deutsch. Überraschend ist, dass nur ganz wenige Deutsch lernen, weil Deutschland das (12) __________________ ist. Nur 2 Mädchen und (13) __________________ Junge gaben diesen Grund an. Abschließend kann man festhalten, dass die beruflichen Perspektiven, die man durch Deutschkenntnisse bekommt, der wichtigste Grund sind.

c Schreiben Sie mit den Formulierungen aus dem Lückentext (2a und b) eine Liste mit Redemitteln zur Beschreibung einer Umfrage in Ihr Heft.

Allgemeine Angaben	Ergebnisse	Schluss
▪ Die Statistik ist das Ergebnis	▪ Von … Schülern antworten …	▪ Abschließend …

d Machen Sie selbst eine Umfrage in der Klasse zum Thema „Warum lernst du Deutsch?" und erstellen Sie eine Grafik. Beschreiben Sie die Ergebnisse Ihrer Umfrage dann Ihrer Nachbarin / Ihrem Nachbarn. Nutzen Sie die Redemittel aus Aufgabe 2c.

Info

In der Prüfung kann es auch sein, dass Sie Informationen einer Umfrage zusammenfassen müssen. Lernen Sie die Redemittel für die Wiedergabe von Umfrageergebnissen.

3 Zwei Grafiken vergleichen

a Vergleichen Sie nun die Grafiken aus 1a und 2b. Was ist das gemeinsame Thema? Wo sind Unterschiede?

b Schreiben Sie nun einen kleinen Text über die beiden Grafiken. Sie können dabei die folgenden Redemittel benutzen.

Info

In der Prüfung kann es sein, dass Sie zwei Grafiken erhalten, die in Beziehung zueinander stehen. Formulieren Sie diese Beziehung in Ihrer Beschreibung.

Wir haben hier zwei Grafiken und beide beschäftigen sich mit … | Die eine heißt … und beschäftigt sich damit, wie viel … Man kann deutlich erkennen, dass … | Die andere Grafik gibt genauer Auskunft darüber, warum … Laut der Umfrage ist … | Zum Schluss lässt sich sagen, dass …

Wortschatztraining

1 Beruferaten

Eine Person überlegt sich einen Beruf. Die anderen müssen raten, welcher das ist, und stellen Fragen. Dabei dürfen aber keine Berufsbezeichnungen genannt werden, sondern es wird z. B. nach dem Arbeitsplatz, den Tätigkeiten, der Ausbildung usw. gefragt. Die befragte Person darf nur mit „Ja" oder „Nein" antworten. Wer den richtigen Beruf errät, ist als Nächste/r dran.

2 Ergänzen Sie ein passendes Verb. Achten Sie dabei auf die Konjugation.

zuhören | entscheiden | prüfen | beraten | finden | treffen | orientieren | einschreiben | sammeln | informieren

1. Er möchte den richtigen Beruf ______________.
2. Sie ______________ sich bei der Wahl des Berufes an der Familientradition.
3. Er kann sich nicht für ein Studium ______________.
4. Sie will eine Vorauswahl ______________.
5. Sie will sich von einer Freundin bei der Entscheidung ______________ lassen.
6. Er ______________ der Studienberaterin aufmerksam ______________.
7. Der Berufsberater ______________ über die Ausbildungszeiten, Anerkennung der Ausbildung usw.
8. Man sollte das Ausbildungsangebot gründlich ______________.
9. Man sollte wissen, ob man sich an der Uni für das Studienfach ______________ kann.
10. Man kann immer viel Erfahrung ______________, egal ob im Studium oder im Beruf.

3 Den richtigen Beruf finden

a Ein Berufseignungstest – was könnte das sein? Versuchen Sie, die Bedeutung aus der Zusammensetzung des Wortes zu erklären.

b Lesen Sie die folgenden Sätze, die in einem Berufseignungstest vorkommen können. Was glauben Sie: Kann man mit diesen Fragen herausfinden, welcher Beruf zu einem passt?

Tipp
Im Internet finden Sie Berufseignungstests. Probieren Sie ruhig mal einen aus.

1. Sie suchen bei einer Party den Kontakt mit …
   - A ☐ möglichst vielen Leuten, einschließlich Fremden.
   - B ☐ nur wenigen Menschen, die sie kennen.
2. Sie sind eher …
   - A ☐ Realist.
   - B ☐ Träumer.
3. Es ist schlimmer, sich …
   - A ☐ Träumereien hinzugeben.
   - B ☐ im gleichen Trott zu bewegen.
4. Sie sind stärker beeindruckt von …
   - A ☐ Emotionen.
   - B ☐ Prinzipien.
5. Sie bevorzugen das Arbeiten …
   - A ☐ egal, zu welcher Uhrzeit.
   - B ☐ nach Terminvorgaben.

4 Ihr Traumberuf

Beschreiben Sie Ihren Traumberuf. Sagen Sie zu möglichst allen Punkten etwas. Begründen Sie Ihre Aussagen.

Arbeitszeiten **Tätigkeiten** **Vorteile** **Nachteile** **Arbeitsort** **Arbeitsmittel**

Training Leseverstehen

▶ Das Leseverstehen 4 kennenlernen

Info

Im Teil 4 des Leseverstehens müssen Sie einen Text lesen und dazu sieben Multiple-Choice-Aufgaben lösen. Dafür müssen Sie zunächst die passende Textstelle finden (selektives Lesen) und dann nach gründlichem Lesen (detailliertes Lesen) entscheiden, welche der drei Antworten richtig ist. Die Aufgaben folgen dem Text.

1 Die Aufgabe überfliegen und relevante Textstellen finden

a Lesen Sie zunächst den folgenden Text und die Fragen dazu.

Der Studienabbrecher – das unbekannte Wesen

Woran scheitern die Studierenden an deutschen Hochschulen? Drei Gründe stehen dabei gegenwärtig im Vordergrund: Leistungsprobleme und das Gefühl, den Anforderungen des Studiums nicht gewachsen zu sein, geben 20 % aller befragten Studienabbrecher als Grund an. Weitere 11 % brachen das Studium ab, weil sie Prüfungen nicht bestanden. Zusammengefasst sind es also 31 % der Studienabbrecher, die aus Gründen der Überforderung scheitern. (…) Bei 19 % der Befragten führten finanzielle Probleme zum Studienabbruch. Ihnen fällt es schwer, einen notwendigen Studentenjob und das Studium miteinander zu verbinden. 18 % dagegen beendeten das Studium vorzeitig, weil sie falsche Erwartungen an die fachlichen Inhalte, die Bedingungen und die Anforderungen des Studiums hatten. Die genannten drei Gründe sind für mehr als zwei Drittel aller Studienabbrüche verantwortlich.
Darüber hinaus kommt es zunehmend auch zum Studienabbruch aufgrund unzureichender Studienbedingungen (12 % gegenüber 8 % im Jahr 2000). Immer weniger Studierende brechen ihr Studium ab, weil sie sich beruflich neu orientieren (10 %), weil sie familiäre Probleme haben (7 %) oder sie eine Krankheit zum (4 %) Studienabbruch zwingt.

Quelle: HIS, Erstimmatrikuliertenbefragung, 2008

1. Aus welchem Grund bricht fast ein Drittel der Studenten das Studium ab?
2. Welcher weitere Grund führt zu einem vorzeitigen Studienende?
3. Welche Motive spielen immer weniger eine Rolle beim Studienabbruch?

b Markieren Sie die Textstellen, in denen Sie die Antwort finden. Ergänzen Sie Signalwörter aus den Aufgaben und aus dem Text. ▶ Kapitel 1, 2

Signalwörter in der Aussage		Signalwörter im Text	
1		A	
2		B	
3		C	

Tipp

Zuerst müssen Sie die Textstelle finden, um die Fragen / Ergänzungen zu beantworten. Dazu hilft Ihnen das Markieren von Signalwörtern. Diese können in Frage und Text identisch oder synonym sein.

c Was halten Sie nun von einem Berufseignungstest? Wäre nicht auch ein Studieneignungstest sinnvoll?

2 Die Aufgaben lösen

a Lesen Sie den ersten Teil eines Textes zum Thema Studien- und Berufseignungstest.

Welcher Beruf passt zu mir? (Teil 1)

Studien- und Berufseignungstests sollen eine Antwort auf die Fragen geben: Was sind meine Stärken und welches Studium bzw. welcher Beruf passt zu mir? Diese Tests werden häufig online, aber auch traditionell auf Papier angeboten. Die meisten dieser Eignungstests sind kostenlos, manchmal muss man aber auch für die Auswertung des Tests bezahlen.
Auch die Bundesagentur für Arbeit hat im Dezember einen neuen Test veröffentlicht. Er besteht aus zwei Teilen: Im ersten Testteil wird nach den persönlichen Interessen gefragt. Erst im zweiten Teil wird der Frage nachgegangen, ob ein Studium in Hinsicht auf Motivation und Arbeitsweise überhaupt das Richtige für den Befragten ist. Insgesamt sind rund 140 Fragen zu beantworten, was ungefähr eine halbe Stunde dauert. Anschließend werden die Ergebnisse des Tests in einem Gespräch mit einem Psychologen besprochen.

b Lesen Sie die Frage 1 und die drei Antwortmöglichkeiten A, B und C.
Suchen Sie die passende Stelle im Text und beantworten Sie dann die Frage.

1. Worauf geben die Fragen eines Berufseignungstests eine Antwort?

   A ☐ Ob man den Test online oder traditionell auf Papier machen kann.
   B ☐ Wie kompetent jemand ist und wie gut man in der Schule war.
   C ☐ Was man besonders gut kann und welche Arbeit zu einem passen könnte.

c Lesen und lösen Sie Frage 2.

2. Der Test der Bundesagentur …

   A ☐ hat zwei Teile mit insgesamt über 100 Fragen und kann in ca. einer halben Stunde durchgeführt werden.
   B ☐ klärt durch 140 Fragen die persönlichen Interessen und die Eignung für ein Studium.
   C ☐ ist ein Gespräch mit einem Psychologen, der 140 Fragen in einer halben Stunde stellt.

d Vergleichen Sie Ihre Antworten in der Klasse und begründen Sie Ihre Lösung.

Info

Im Teil 4 des Leseverstehens müssen Sie entweder sieben Fragen beantworten (wie bei Frage 1) oder sieben Ergänzungsaufgaben lösen (wie bei Frage 2).

e Lesen Sie nun Teil 2 des Textes und lösen Sie die Fragen 3 – 5. Suchen Sie zuerst die passende Stelle im Text und entscheiden Sie sich dann für eine der drei Lösungen.

Welcher Beruf passt zu mir? (Teil 2)

Bei anderen Beratungsangeboten wie etwa bei BORAKEL der Ruhr-Universität Bochum geht es im ersten Schritt um die Frage, was man werden möchte und im zweiten Schritt um den passenden Studiengang beziehungsweise den Weg dorthin. Es spielt dabei keine Rolle, an welcher Universität man studieren möchte. Die Tests helfen nicht nur, die persönliche Eignung zu testen und Neigungen herauszufinden, sondern man erhält auch ein individuelles Feedback. Damit kann man selbst einschätzen, ob der Studienwunsch zur eigenen Person passt.
Weitere Online-Angebote sind beispielsweise das softwaregestützte *JobGuide-Pro* oder der *Eignungstest Berufswahl* des geva-instituts. Bei all diesen Tests geht es darum, sich selbst möglichst gut einzuschätzen: Der Testkandidat gibt durch Ankreuzen vorgegebener Antwortmöglichkeiten an, wie sehr bestimmte Aussagen oder Eigenschaften zutreffen oder wie er sich in bestimmten Situationen verhalten würde. Als Ergebnis erhält er eine Auflistung seiner Stärken und Schwächen und erfährt, welche Berufe oder Studienfächer am ehesten seinen Interessen entgegenkommen.
Ein bewährter Berufseignungstest ist auch der *Explorix*. In einem rund 20-minütigen Test schätzt man die eigenen Fähigkeiten und sein Interesse an bestimmten Tätigkeiten und Berufen ein. Direkt im Anschluss kann man dann dank eines Codes den persönlichen Ergebnisreport abrufen: Das ist ein 13- bis 16-seitiges Dokument mit zahlreichen, passenden Berufsvorschlägen und Checklisten zum Ausdrucken und Abspeichern.

3. Der Berufseignungstest der Ruhr-Universität …

A ☐ beinhaltet ein persönliches Gespräch, bei dem man nach dem Berufswunsch gefragt wird.
B ☐ fragt danach, was man in Zukunft machen möchte und rät zu einem Studienfach.
C ☐ fragt ab, an welcher Universität man am liebsten studieren möchte und gibt Ratschläge dazu.

4. Bei dem Beratungstool JobGuide-Pro oder dem Test vom geva-institut geht es …

A ☐ um die Wahl des richtigen Studienfaches durch Ankreuzen vorgegebener Antworten.
B ☐ darum, dass man lernt, seine Fähigkeiten und Interessen richtig einzuschätzen.
C ☐ um die eigenen Stärken und Schwächen und den geeigneten Beruf bzw. das geeignete Studium.

5. Bei dem Testverfahren von Explorix …

A ☐ soll man angeben, welche Vorlieben man für Tätigkeiten oder Berufe hat.
B ☐ soll man auf ca. 16 Seiten sagen, was man schon über bestimmte Tätigkeiten weiß.
C ☐ muss man sich entscheiden, ob man den Test online oder auf Papier machen möchte.

f Vergleichen und begründen Sie Ihre Antworten.

3 Wortschatzspiel

Bilden Sie zwei Gruppen: Jede Gruppe notiert sechs Wörter aus dem Text oben und schreibt diese auf (Gruppe 1: Textteil 1, Gruppe 2: Textteil 2). Im Anschluss wird die jeweils andere Gruppe nach der Bedeutung eines Wortes gefragt. Erklärt sie die Bedeutung richtig, bekommt die Gruppe einen Punkt. Gewinner ist, wer die meisten Punkte hat.

Was bedeutet „Stärken" in diesem Text?

Unter „Stärken" versteht man hier …

Training Hörverstehen

▶ Das Hörverstehen 1 kennenlernen

1 Telearbeit – ein tolles Modell?

a Lesen Sie die Argumente für die Telearbeit. Welche sprechen Sie persönlich an? Markieren Sie.

Telearbeit – die Arbeit der Zukunft

1. Arbeiten Sie nach Ihrem persönlichen Rhythmus!
2. Arbeiten Sie mit mehr Motivation!
3. Verbinden Sie berufliche und private Interessen ohne Probleme!
4. Sparen Sie Fahrzeit ein!
5. Bleiben Sie während der Kinderphase am Ball!

b Überlegen Sie zu zweit: Welche Nachteile kann Telearbeit haben?

c Stellen Sie Ihre Überlegungen in der Klasse vor und begründen Sie diese.

2 Flexibel arbeiten

a Setzen Sie die Wörter ein.

Zahl | Arbeitnehmerinnen und -nehmer | sogenannte | vereinbaren | familienfreundliche | Telearbeit

In Deutschland nutzen ca. 85 % aller (1) ____________ eine Form der flexiblen Arbeitszeit. Diese erstaunlich hohe (2) ____________ verdeutlicht die Bedeutung und den Erfolg solcher Modelle. Die Umsetzung wird fast ausnahmslos über (3) ____________ Arbeitszeitkonten ermöglicht. Zu den flexiblen Modellen gehören z. B. die Gleitzeit, (4) die ____________, Arbeitszeitkonten, Teilzeitarbeit, das Jobsharing etc. Die Zunahme dieser flexiblen Arbeitszeiten hat natürlich ihre Gründe: Viele Arbeitnehmerinnen und Arbeitnehmer müssen Betreuungs- bzw. Pflegeaufgaben mit ihrer Arbeit im Unternehmen (5) ____________. Deshalb sind (6) ____________ Arbeitszeitmodelle für viele sehr wichtig.

b Was bedeuten die Begriffe 1 bis 4? Ordnen Sie die Erklärungen A bis D zu.

1	Altersteilzeit	A	Man kann, innerhalb eines festgelegten Zeitrahmens, Beginn und Ende der Arbeitszeit selbst bestimmen.
2	Arbeitszeit-konto	B	Ältere Arbeitnehmer können die Arbeitszeit schon vor dem Ruhestand reduzieren.
3	Gleitzeit	C	Man arbeitet nicht Vollzeit, sondern z. B. weniger Stunden pro Tag.
4	Teilzeitarbeit	D	Man erfasst auf einem Konto die Zeit, die man tatsächlich gearbeitet hat.

10–13

c Hören Sie nun Erklärungen zu den Arbeitszeitmodellen aus b.
Welche Erklärung passt zu welchem Arbeitszeitmodell? Kreuzen Sie an.

Arbeitszeitmodell	**Definition**			
	A	B	C	D
1. Altersteilzeit				
2. Arbeitszeitkonto				
3. Gleitzeit				
4. Teilzeitarbeit				

3 Hörverstehen Teil 1

Info

Im Hörverstehen Teil 1 hören Sie immer ein Interview. Dazu bekommen Sie acht Multiple-Choice-Aufgaben. Zum Lesen der Aufgaben haben Sie zwei Minuten Zeit. Markieren Sie in dieser Zeit wichtige Wörter, durch die sich die Antwortmöglichkeiten unterscheiden.

a Lesen Sie zuerst die Aufgaben und markieren Sie bei A, B und C, worin sich die Antworten unterscheiden.

1. Im BMW-Werk in Regensburg arbeiten die Mitarbeiter
   - A ☐ drei Wochen pro Monat.
   - B ☐ länger als die normalen 8 Stunden.
   - C ☐ den ganzen Samstag.

2. Durch die neue Arbeitszeitregelung
   - A ☐ konnten neue Produkte hergestellt werden.
   - B ☐ konnten neue Arbeitsplätze eingerichtet werden.
   - C ☐ mussten Mitarbeiter entlassen werden.

3. Arbeitszeitkonten
   - A ☐ sind sehr verbreitet.
   - B ☐ findet man nicht sehr oft.
   - C ☐ sind eher ungewöhnlich.

4. Karstadt-Mitarbeiter, die 37 Stunden pro Woche arbeiten,
   - A ☐ bekommen jeden Montag frei.
   - B ☐ haben eine Woche pro Monat frei.
   - C ☐ haben einen beliebigen Tag in der Woche frei.

5. Die Möglichkeit der Teilzeitarbeit nutzt
   - A ☐ die Mehrzahl der Karstadt-Mitarbeiter.
   - B ☐ nur ein Zehntel der Mitarbeiter.
   - C ☐ knapp die Hälfte der Mitarbeiter.

6. Frau Meier findet die neuen Arbeitszeitmodelle
   - A ☐ vorteilhaft für die Betriebe.
   - B ☐ gut für Mitarbeiter und Betriebe.
   - C ☐ nur günstig für das Personal.

14–15

b Hören Sie jetzt das Interview mit einer Gewerkschaftsvertreterin über die Arbeitsmodelle in verschiedenen Unternehmen. Kreuzen Sie bei den Aufgaben die jeweils richtige Lösung an.

Training Mündliche Kommunikation

▶ Den Kurzvortrag halten ▶ Kapitel 3

1 Wiederholung Kurzvortrag: Mein Traumberuf

a Was ist Ihnen für Ihren zukünftigen Beruf wichtig? Kreuzen Sie an.
Ergänzen Sie die Liste um weitere Aspekte.

wichtig		weniger wichtig
	Karrieremöglichkeiten	
	Verdienstmöglichkeiten	
	Ansehen des Berufs	
	körperlich anstrengende Arbeit	
	saubere Büroarbeit	
	Arbeitszeiten auch abends und am Wochenende	
	…	

b Männer- und Frauenberufe? Machen Sie je eine Liste mit typischen Frauen- und Männerberufen. Suchen Sie nach Gründen dafür, warum diese Berufe vor allem von Frauen bzw. Männern ausgeübt werden. Diskutieren Sie anschließend darüber in der Klasse.

c Bereiten Sie eine kurze Präsentation über Ihren Wunschberuf vor. Gehen Sie bei der Präsentation auf wenigstens fünf Aspekte des Clusters ein. Notieren Sie die Struktur Ihres Vortrags auf einer Folie / an der Tafel. Erläutern Sie jeden Ihrer Aspekte mit einigen Sätzen.

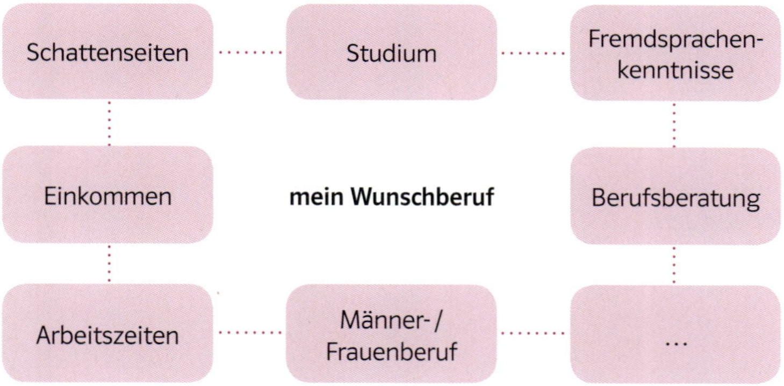

Tipp

Blättern Sie bei der Vorbereitung des Kurzvortrags in der Lektion zurück. Notieren Sie sich wichtige Vokabeln. Sehen Sie in Kapitel 3 nach, wie Sie Ihren Vortrag gliedern können.

d Hören Sie die Vorträge Ihrer Mitschüler/innen. Prüfen Sie dabei folgende Punkte:

	☺	☺	☹
Wie ist der Vortrag gegliedert? Ist die Reihenfolge logisch?			
Wie verbindet sie / er die einzelnen Teile der Präsentation sprachlich? ▶ Kapitel 3			
Wie ist die Folie oder das Tafelbild aufgebaut? Ist alles gut lesbar?			
Spricht sie / er genügend lang zu jedem gewählten Aspekt?			
…			

Portfolio 4: Arbeitsschritte planen

1 Arbeitsschritte: Notieren Sie auf einem Blatt alles, was Sie tun müssen.

Informationsquellen suchen | Recherche | Informationen prüfen | Texte bearbeiten und auswerten | Quellenliste anlegen | Gliederung der Mappe | erste Überlegungen für die Präsentation | grafische Gestaltung der Projektmappe | Überarbeitung von selbst geschriebenen Texten | Erstellung von Präsentationsmaterialien | Training der Präsentation (in der Klasse, zu Hause) | Liste mit Fachvokabular anlegen | …

2 Die Arbeit planen

a Lesen Sie den Kalender von Rafael und prüfen Sie: Hat er genug Zeit für seine Projektarbeit eingeplant? Hat er alle Feiertage und Ferien berücksichtigt? Hat er etwas falsch geplant?

	Oktober	November	Dezember	Januar	
		Blätter für die Umfrage kopieren			
			Alle Materialien bündeln	Plan der Präsentation	
	Treffen in der Bibliothek				
		Umfrage in der Klasse 3a	Fotos abholen		
				DSD-Prüfung!!!	

b Fertigen Sie (auf Ihrem Computer) einen ähnlichen Kalender wie Rafael an. Markieren Sie darauf alle schulfreien Tage und andere wichtige Ereignisse. Tragen Sie die DSD-Prüfung ein. Wie viele Wochen bleiben bis zu Ihrer Prüfung?

c Besprechen Sie Ihren Zeitplan mit Ihrer DSD-Lehrerin / Ihrem DSD-Lehrer.

Tipp

Überprüfen Sie während der Arbeit immer wieder, ob Sie den Zeitplan einhalten. In „So geht's zum DSD II Testbuch mit Leitfaden für die mündliche Prüfung" finden Sie mehr zum Thema Planung.

Selbstevaluation

Ich habe gemacht ...		Ich bin zufrieden ...		
	✓	☺	😐	☹
Wortschatz				
Schriftliche Kommunikation				
Wortschatz				
Leseverstehen				
Hörverstehen				
Mündliche Kommunikation				
Projekt				

Meine Wortliste zum Thema „Ausbildung & Studium“:

Sehen Sie sich noch einmal das Kapitel an und notieren Sie hier wichtige Wörter. Ergänzen Sie dann Ihre Notizen um Wörter, die Sie außerdem brauchen.

Wichtige Redemittel

Meine Lieblingswörter

Meine Generation hat ihre Heimat verlassen, um in einem anderen Land zu arbeiten und zu leben.

Das ist die nächste Generation von Robotern. Sie sind intelligent, d. h. sie können einfache Denkprozesse selbstständig übernehmen.

Es hat zwei Generationen gedauert, bis die Spuren des Krieges nicht mehr sichtbar waren.

5 Zusammenleben der Generationen

Wortschatztraining

1 **Welche Bedeutung hat der Begriff Generation in den Bildunterschriften oben? Ordnen Sie zu.**

„Generation" bezeichnet: **A** ☐ eine Gruppe von Menschen in ungefähr gleichem Alter
B ☐ einen Zeitraum von 30 Jahren **C** ☐ Geräte mit gleichem Entwicklungsstand

Tipp

Achten Sie darauf, dass manche Wörter verschiedene Bedeutungen haben können (=Homonyme). Schlagen Sie bei Unklarheiten im Wörterbuch nach.

2 Komposita verstehen

a **Wie sind diese Komposita aufgebaut? Zeichnen Sie ein Schema nach dem folgenden Beispiel.**

Beispiel: die Einwanderungsgeneration

Einwanderungsgeneration
Einwanderungs- generation
Einwanderung- s- generation
Einwander- ung- s- generation
Ein- wander- ung- s- generation

der Generationenkonflikt | das Mehrgenerationenhaus | die Nachkriegsgeneration | der Generationswechsel

Das Wort „Einwanderungsgeneration" meint Menschen, die alle zu ungefähr dem gleichen Zeitpunkt in ein ihnen fremdes Land eingewandert sind.

b **Erklären Sie nun die Wörter aus 2a: Was könnten sie bedeuten?**

3 Ausdrücke umformen

Formen Sie um. Bilden Sie aus den Adjektiven eine Genitivkonstruktion.

1. die junge Generation
→ die Generation *der Jungen*
2. die verwöhnte Generation
→ die Generation ______
3. die ältere Generation
→ die Generation ______
4. die betrogene Generation
→ die Generation ______

Tipp

Aus Adjektiven und Partizipien können Sie einfach Nomen bilden: Hängen Sie im Singular ein -e und im Plural die Endung -en an.

Achtung: Diese Nomen werden weiterhin wie Adjektive dekliniert.

Beispiel: alt – der / die Alte, die Alten

Training Leseverstehen

▶ Das Leseverstehen 1 wiederholen

1 Die Aufgabenstellung

a Was wissen Sie noch zu dieser Prüfungsaufgabe? Beantworten Sie die Fragen. ▶ Kapitel 1

Was muss ich tun? ______________________________

Was muss ich beachten? ______________________________

Info

Die erste Aufgabe des Leseverstehens kann variieren. Manchmal müssen Sie auch Veranstaltungstipps oder Buchbeschreibungen verschiedenen Personen zuordnen.

b Lesen Sie die Texte. Was für Texte sind das? Welches Thema haben sie gemeinsam?

A Ein Mehrgenerationenhaus – was ist das und wie funktioniert es? Für wen ist das interessant? Was muss man beachten, wenn man selbst ein Mehrgenerationenhaus gründen will? Welche Rechte und welche Pflichten hat man als Bewohner? Ist das auch für Jugendliche attraktiv? Und wie geht man mit Konflikten um? Fragen über Fragen, die in einem Buch über ein Mehrgenerationenhaus beantwortet werden. Der Autor, selbst Bewohner eines solchen alternativen Wohnprojektes, ist als Student eher durch Zufall in ein Mehrgenerationenhaus hineingeraten und stellt nun sein Haus vor. Nach der Lektüre des Buches hat man einige gute Gründe erfahren, warum man in so einem Haus wohnen sollte.

B Der Psychologe Dr. Müller vergleicht ein Mehrgenerationenhaus gern mit einem normalen Mietshaus. Egal, für welche Form des Zusammenlebens man sich entscheidet, bei beiden kann es immer wieder zu Konflikten kommen. Das sind zum Beispiel Fragen zur Einhaltung von Ruhezeiten, Probleme mit der Hausreinigung oder Diskussionen um abgestellte Gegenstände im Treppenhaus. Sollte man die Probleme ansprechen oder seinen Mitbewohnern besser aus dem Weg gehen? Wie kann man das Zusammenwohnen konfliktarm organisieren? Auf diese und andere Fragen liefert Dr. Müller zwar keine Patentlösungen, aber er gibt viele Anregungen für einen gelingenden Umgang miteinander. Das Buch ist sehr unterhaltsam geschrieben und empfiehlt sich als Entscheidungshilfe bei Problemen des Zusammenlebens auch für andere Wohnformen.

Art der Texte: ____________________ Thema der Texte: ____________________

c **Lesen Sie die Aufgaben 1–3 und markieren Sie Signalwörter. Entscheiden Sie dann: Für welches Buch könnten sich die Personen interessieren?**

1. Eine Frau interessiert sich für das Thema Wohngemeinschaft für Menschen über 50.
2. Eine zukünftige Studentin sucht eine Wohnmöglichkeit an ihrem neuen Studienort.
3. Wegen ständiger Konflikte fühlt sich ein Student in seiner Wohngemeinschaft nicht mehr wohl.

Person	Signalwörter	Welcher Text passt?
Person 1		
Person 2		
Person 3		

Tipp

Beachten Sie, dass zwei Texte oder Aufgaben sehr ähnlich formuliert sein können. Erst durch genaues (detailliertes) Lesen kann man richtig zuordnen.

d Schreiben Sie selbst einen Text über ein Buch, das Sie kürzlich gelesen haben. Formulieren Sie zwei Aufgaben dazu, d. h. zwei Personen, die ein Buch zu einem bestimmten Anlass suchen. Ihre Nachbarin / Ihr Nachbarn entscheidet, zu welcher Person der Text passt.

2 Lösungsstrategien zum Leseverstehen 1

a Wie sieht die beste Lösungsstrategie für das Leseverstehen 1 aus? Entscheiden und begründen Sie.

Strategie 1: Man liest alle Texte und Aufgaben einmal langsam durch und wählt dann aus.
Strategie 2: Man liest alle Aufgaben, liest einen Text und sucht dann die passende Aufgabe aus.
Strategie 3: Man liest eine Aufgabe, dann liest man alle Texte und wählt den passenden aus.
Strategie 4: Man liest einen Text, dann liest man alle Aufgaben und wählt zum Schluss eine Aufgabe aus.

Die beste Lösungsstrategie ist meiner Meinung nach Nummer ______, weil …

b Probieren Sie Ihre Strategie aus: Ordnen Sie den Texten 1–5 die Überschriften A–I zu. Vier Überschriften bleiben übrig.

A Generation Praktikum – das war einmal
B Kritik am Begriff „Generation"
C Eine neue Generation entsteht
D Vertrag zwischen der älteren und der jüngeren Generation
E Kritik am Gebrauch des Begriffs „Generation"
F Durchs Praktikum Erfahrung sammeln
G Generation Praktikum kehrt zurück
H Neue Produktgeneration präsentiert
I Zweifel an der Realisierbarkeit des Generationenvertrags

1 Der Generationenvertrag bezeichnet ein Umlageverfahren zur Finanzierung der gesetzlichen Rente: Die arbeitende Generation finanziert mit ihren Beiträgen zur gesetzlichen Rentenversicherung die Rentner von heute. Der Generationenvertrag gilt im gegenseitigen Einverständnis, ohne dass er ausgesprochen oder schriftlich festgelegt wurde.

2 Noch vor Jahren gab es sie: die ewigen Praktikanten. Sie hangelten sich von Praktikum zu Praktikum, denn viele Arbeitgeber setzten arbeitssuchende Hochschulabsolventen als billige Arbeitskräfte ein. Nur selten ergab sich aus einem Praktikum eine feste Arbeitsstelle für die jungen Leute. Zwar ist das Phänomen noch nicht ganz verschwunden, aber durch Proteste der Praktikanten wurde ein Bewusstsein für ihre prekäre Situation geschaffen, sodass es wieder öfter bezahlte Praktika und Leitlinien dafür gibt. Heute ist der Sinn eines Praktikums wieder der, Erfahrungen für das zukünftige Berufsleben zu sammeln.

3 „Die Rente ist sicher" – das glaubt schon lange niemand mehr. Im Jahr 2050, so prognostiziert das Statistische Bundesamt, wird es doppelt so viele 60-Jährige wie Neugeborene geben. Was bleibt dann noch vom Generationenvertrag, der heute die Grundlage der gesetzlichen Rente ist? Eine berechtige Frage. Fakt ist aber auch, dass man keine genauen Daten erheben kann, die so weit in die Zukunft reichen.

4 Seit einigen Jahren ist der Begriff »Generation« in aller Munde. In Werbeslogans wird von einer neuen Computergeneration, einer neuen Automobilgeneration, gar von einer neuen Waschmittelgeneration gesprochen. Journalisten, Marketingexperten und Soziologen versuchen, der Heterogenität der jugendkulturellen Szenen durch immer neue Kategorisierungen und Etikettierungen entgegenzuwirken, wobei besonders gern das Prädikat »Generation« verwendet wird, jedoch oft zu pauschal und theorielos.

5 Eine neue Generation von Tablet-PCs ist auf dem Markt. Am Messestand der Firma XEX herrscht großer Andrang. Viele Fragen wollen beantwortet sein, wie z. B.: Was kann der neue Computer? Arbeitet er schneller als der Vorgänger? Da ist es praktisch, dass man das neue Modell gleich vor Ort ausprobieren kann. Das Ergebnis: Der praktische Test überzeugt viele Messebesucher, sie wollen sich einen solchen Computer kaufen.

Tipp

In der Prüfung haben Sie nicht viel Zeit. Sie müssen also schnell, aber gründlich lesen. Wir empfehlen Ihnen die folgende Strategie: Lesen Sie zuerst einen der Texte, dann alle Aufgaben. Unterstreichen Sie beim Lesen, im Text und in den Aufgaben, Signalwörter. Manchmal scheinen von den neun möglichen Lösungen zwei zu passen. Überprüfen Sie dann durch detailliertes Lesen des Textes, welche Möglichkeit tatsächlich richtig ist. Verfahren Sie mit dem nächsten Text nach dem gleichen Muster. Vier Aufgaben bleiben übrig.

Training Hörverstehen

▶ Hörstrategien, das Hörverstehen 3 wiederholen

1 Generationen

a Wie stellen Sie sich die Beziehung zwischen den beiden Personen auf dem Foto vor? Schreiben Sie einen Dialog zu diesem Bild.

b Sammeln Sie Wörter. Erklären Sie diese anschließend vor der Klasse.

Jüngere Generation

Ältere Generation

c Was tun die Generationen füreinander? Wie kann sich Solidarität zwischen den Generationen ausdrücken? Nennen Sie einige Beispiele.

Jüngere Generation ⟷ Ältere Generation

2 Hören üben

a Diskutieren Sie gemeinsam, wie man das Hören in der Freizeit üben kann. Haben Sie noch andere Tipps?

Ich sehe gern deutschsprachige Filme mit Untertiteln. So lerne ich viel und es macht auch noch Spaß.

Man kann deutschsprachige Radiosender hören.

Ich höre viel deutschsprachige Musik. So habe ich schon viel gelernt.

Ich schaue ab und zu deutsches Fernsehen.

b Was machen Sie am liebsten davon? Berichten Sie im Kurs.

3 Multiple-Choice-Aufgaben im Hörverstehen

a Beim dritten Teil des Hörverstehens hören Sie eine Reportage. Diese hören Sie zweimal. ▶ Kapitel 2
Welche Strategien beim Hören halten Sie für sinnvoll?

- ☐ Aufgaben schnell durchlesen und Vorwissen aktivieren
- ☐ Notizen während des ersten Hörens machen
- ☐ Signalwörter in den Aufgaben unterstreichen
- ☐ keine Notizen machen
- ☐ gleich beim ersten Hören die Aufgaben lösen
- ☐ erst beim zweiten Hören die Aufgaben lösen

b Arbeiten Sie in drei oder vier Gruppen. Entscheiden Sie sich innerhalb Ihrer Gruppe für bestimmte Strategien und probieren Sie diese bei der nächsten Aufgabe aus.

16–17

c Die Solidarität der Generationen: Lesen Sie die Aufgaben 1–9. Sie haben dazu zwei Minuten Zeit. Hören Sie den Text zweimal und lösen Sie die Aufgaben mithilfe Ihrer Strategien.

1. Schüler/innen des Fanny-Leicht-Gymnasiums geben den Älteren … Unterricht.
   - A ☐ zweimal pro Woche
   - B ☐ alle zwei Nachmittage
   - C ☐ nachmittags
2. Mehrmals im Jahr treffen sich Junge und Alte außerhalb der Schule, um
   - A ☐ kranken Senioren zu helfen.
   - B ☐ Verschiedenes gemeinsam zu unternehmen.
   - C ☐ Ausflüge zu machen.
3. Die älteren Menschen können durch die Schule
   - A ☐ Kontakte zu jungen Menschen knüpfen.
   - B ☐ ihren Hunger stillen.
   - C ☐ sich über Aktuelles austauschen.
4. Von dieser Initiative profitieren
   - A ☐ beide Seiten.
   - B ☐ nur die Senioren.
   - C ☐ vor allem die Schüler.
5. Die Weiterbildungskurse sind für die Senioren
   - A ☐ gebührenpflichtig.
   - B ☐ preiswert.
   - C ☐ umsonst.
6. Die „Schule in der Schule" wird von … organisiert.
   - A ☐ den Gymnasiallehrern
   - B ☐ den Oberstufenschülern
   - C ☐ den Senioren
7. Den Unterricht dürfen … geben.
   - A ☐ alle guten Schüler
   - B ☐ nur sehr gute Oberstufenschüler
   - C ☐ freiwillige Oberstufenschüler
8. Die Schüler
   - A ☐ führen ein Tagebuch über ihren Unterricht.
   - B ☐ wählen ihre Teilnehmer selbst.
   - C ☐ unterrichten nur Tanzen und Schachspielen.
9. Der Hörtext stellt … vor.
   - A ☐ ein generationenübergreifendes Projekt
   - B ☐ eine besondere Schule für Gymnasiasten
   - C ☐ ein EU-Projekt für lebenslanges Lernen

Info

Die letzte Aufgabe des Hörverstehens 3 (in der Prüfung ist das Aufgabe 24) bezieht sich immer auf den gesamten Hörtext, nicht auf einen einzelnen Abschnitt.

d Überprüfen Sie Ihre Lösungen gemeinsam. Diskutieren Sie dann in der Klasse, welche Strategien gut und welche vielleicht nicht so gut funktioniert haben.

Training Mündliche Kommunikation

▶ Das Prüfungsgespräch üben

1 Einen Kurzvortrag zum Thema „Werte" vorbereiten

a Wählen Sie aus dem Cluster zum Thema „Werte" mindestens fünf Aspekte, über die Sie sprechen wollen. Sie können auch eigene Aspekte ergänzen.

b Suchen Sie in einem einsprachigen Wörterbuch Erklärungen zu den Aspekten. Schreiben Sie diese um das Schema herum.

Disziplin	Professionalität	Glaube
Solidarität	**Werte**	Wandel
Engagement	Liebe	…

Glaube:
Religion; religiöse Überzeugung; feste Überzeugung, die auf Gefühl beruht und nicht auf Fakten oder Beweisen.

Tipp

Bei der Vorbereitung auf die mündliche Prüfung dürfen Sie ein Wörterbuch benutzen. Gute Dienste kann das einsprachige Wörterbuch leisten: Dort finden Sie nicht nur entsprechende Definitionen, sondern auch Vokabular, das Sie benutzen können. Aufgepasst bei den sogenannten Internationalismen wie z. B. *Solidarität:* Überprüfen Sie im Wörterbuch die richtige Aussprache und den Wortakzent. Diese können anders als in Ihrer Sprache sein.

c Bereiten Sie mithilfe Ihrer Notizen einen Kurzvortrag vor. ▶ Kapitel 3, 4

2 Das Prüfungsgespräch vorbereiten

Info

In der Prüfung folgt nach Ihrem Kurzvortrag ein Prüfungsgespräch, das ca. vier bis fünf Minuten dauert. Dabei werden Ihnen Fragen zum Thema des Vortrags gestellt.

a Welche der drei Strategien ist sinnvoll, welche weniger, wenn Sie die Fragen der Prüferin / des Prüfers nicht ganz verstanden haben?

1 Sie wiederholen die Frage und warten auf eine Bestätigung oder Korrektur des Prüfers.	**2** Sie sagen klar, dass Sie die Frage nicht ganz verstanden haben und bitten um Wiederholung.	**3** Sie antworten einfach und hoffen, dass Ihre Antwort passt.

b Ordnen Sie die Redemittel den drei Strategien in 2a zu. Sprechen Sie anschließend in der Klasse darüber und ergänzen Sie noch eigene Redemittel.

A Entschuldigung, könnten Sie die Frage noch einmal wiederholen? Ich habe Sie nicht ganz verstanden. | **B** Zu dieser Frage kann ich Ihnen sagen, dass … | **C** Sie meinen also, dass … | **D** Das Wort … / den Begriff … in Ihrer Frage verstehe ich nicht. | **E** Könnten Sie bitte den letzten Teil Ihrer Frage wiederholen? | **F** Sie fragen, ob …

Info

Die Prüferin / der Prüfer kann während des Gesprächs Ihren Äußerungen widersprechen oder etwas ergänzen. Darauf sollten Sie in Ihren Antworten Bezug nehmen.

c Ordnen Sie diese Redemittel zu.

auf Widerspruch reagieren	auf Ergänzungen reagieren

A Sicher haben Sie recht, wenn Sie sagen, dass … | **B** Ich dagegen denke aber … | **C** Ich bin da anderer Meinung: … | **D** Zu dem, was Sie gerade gesagt haben, fällt mir noch ein, dass … | **E** Das ist ein interessanter Aspekt, über den ich auch schon nachgedacht habe: … | **F** Als weiteres Beispiel dazu kann ich noch … nennen. | **G** Dazu möchte ich noch Folgendes sagen … | **H** Dem kann ich aus folgenden Gründen nicht zustimmen: …

Tipp

Im Gespräch mit der Prüferin / dem Prüfer können Sie eine Frage bzw. eine Behauptung von ihr / ihm laut wiederholen. So gewinnen Sie Zeit zum Nachdenken.

Info

Nach dem Kurzvortrag werden Sie zu Ihrer Meinung befragt. Begründen Sie Ihre Ansicht zu dem von Ihnen präsentierten Thema.

d Notieren Sie Ihre Meinung: Wie wichtig sind Werte in Ihrem Leben? Welche Werte sind das? Warum sind sie wichtig?

____

____

Begründung: ________________________________

____

3 Den Kurzvortrag und das Prüfungsgespräch dazu üben

a Arbeiten Sie in Gruppen zu dritt. Während eine Person den Kurzvortrag zum Thema „Werte“ hält, notieren die anderen Fragen zum Gesagten.

Das von mir bearbeitete Thema heißt … | Unter diesem Begriff versteht man … | Ich spreche über … | Dieser Begriff bedeutet für mich … | Zu Beginn will ich … | Als erstes … | Der erste Aspekt heißt … | Ein anderer Aspekt wäre … | Einerseits … andererseits … | Ein gutes Beispiel für … ist … | Als nächstes … | Abschließend …

b Nun stellt ein Gruppenmitglied ihre / seine Fragen. Die / der andere in der Gruppe beobachtet das Gespräch und macht Notizen.

c Werten Sie anschließend gemeinsam das Gespräch aus: Was können Sie besser machen? Wo können Sie besser reagieren oder noch Bezug auf schon Gesagtes nehmen?

d Tauschen Sie nun die Rollen.

Training Schriftliche Kommunikation

▶ Pro – Contra Diskussion

Info

Im Prüfungsteil *Schriftliche Kommunikation* sollen Sie ein Thema, zu dem Sie bereits einen Text und eine Statistik analysiert und wiedergegeben haben, erörtern. D.h., Sie sollen in Ihrem Text Pro (Vorteile) und Contra (Nachteile) zu diesem Thema diskutieren (Zweite Teilaufgabe der Schriftlichen Prüfung).

1 Ist Diskutieren sinnvoll?

a Ordnen Sie die verschiedenen Meinungen den Sprechblasen zu.

Ja	Nein

1 Diskutieren ist sinnlos, es bringt oft nichts.

2 Die Lehrer wollen immer nur ihre Meinung hören. Sie interessieren sich gar nicht wirklich für die Meinung ihrer Schüler

3 In einer Diskussion kann man auch mal eine andere Sichtweise kennenlernen.

4 Auf endlose Diskussionen habe ich meistens keine Lust. Einer soll entscheiden.

5 Beim Diskutieren muss man auch gut zuhören, was der andere sagt.

6 Bei einer Diskussion kann man das Dafür und Dagegen gut zusammentragen und Entscheidungen noch mal überdenken.

7 Ich finde Diskutieren mit einem anderen respektlos.

b Wie ist Ihre Meinung? Sprechen Sie in der Klasse darüber.

2 Thema und Argumente des Prüfungstextes erfassen

a Lesen Sie den Text und notieren Sie eine Definition des Begriffs „soziales Engagement".

Das Wort „Engagement" kommt aus dem Französischen und bedeutet: sich für jemanden oder etwas einsetzen, sich zu etwas verpflichten.
Jeder engagiert sich sicher gern für Freunde und Familie, darüber hinaus haben viele aber auch Freude am gesellschaftlichen Engagement. Sie arbeiten z. B. in der Schülermitverwaltung mit und setzen sich für Schülerrechte ein oder engagieren sich auf sozialer Ebene.
Unter „sozialem Engagement" versteht man den persönlichen Einsatz eines Menschen für andere. Man kann sich für Mitmenschen, aber auch für Tiere oder die Natur engagieren. Viele benötigen die Hilfe anderer. Ohne soziales Engagement würde unsere Gesellschaft nicht funktionieren. Zwar kann man sein Taschengeld damit nicht aufbessern, da es sich oft um eine ehrenamtliche, d. h. unbezahlte, Tätigkeit handelt, aber dafür macht es Spaß, mit anderen Menschen zu arbeiten, ihnen zu helfen oder eigene Ideen umzusetzen. So ganz nebenbei sammelt man wichtige Erfahrungen, man lernt, wie man etwas organisiert, wie man mit Aktionen die Aufmerksamkeit der Öffentlichkeit gewinnt und vieles mehr. Außerdem zählt soziales Engagement auch bei Bewerbungen sehr viel – egal ob für den späteren Beruf oder für ein Schülerstipendium.

b Welche Vorteile und welche Nachteile von „sozialem Engagement" nennt der Text? Schreiben Sie eine Tabelle in Ihr Heft und nennen Sie weitere Vor- und Nachteile.

Pro	Contra
Engagement macht Freude	

Tipp

Im Text zur Schreibaufgabe werden oft Pro- und Contra-Aspekte zum Thema der Erörterung genannt. Sie können diese für Ihre Erörterung nutzen.

3 Argumentieren

a Ein Schüler hat folgenden Text zum Thema „Soziales Engagement" geschrieben. Welche positiven Aspekte nennt er? Unterstreichen Sie diese.

... Soziales Engagement ist nicht nur für die Gesellschaft, sondern auch für die eigene persönliche Entwicklung sehr wichtig. Die Arbeit ist oft interessant, denn man lernt etwas Neues kennen und erweitert seinen Horizont. So bekommt man vielleicht auch eine Idee für seinen zukünftigen Beruf. Vieles, was man durch das soziale Engagement lernt und kennenlernt, kann man im Arbeitsleben sicherlich gebrauchen. Ich selbst engagiere mich in der Hausaufgabenhilfe, d. h. ich helfe jüngeren Schülern bei den Hausaufgaben. Dadurch weiß ich jetzt, dass ich gern mit Menschen arbeiten möchte und dass ich gut erklären kann. Deshalb möchte ich nun Lehrer werden. Vielleicht hätte ich das ohne mein Engagement nicht herausgefunden. Durch soziales Engagement lernt man sich selbst besser kennen.

Info

Ein Argument setzt sich aus verschiedenen Teilen zusammen und wird in der Regel so aufgebaut:

1. **These:** Das kann eine Feststellung oder eine Behauptung sein.
↓
2. **Begründung:** Das kann ein Beleg sein, eine Erklärung oder auch ein Zitat.
↓
3. **Beispiel (aus dem eigenen Leben):** Führen Sie hier Ihre eigenen Erlebnisse oder Erfahrungen mit dem Thema an.
↓
4. **Fazit:** Das ist die Schlussfolgerung aus den vorangegangenen Überlegungen, eine Verallgemeinerung.

b Ordnen Sie zu.

Argument		
	1 Soziales Engagement ist nicht nur für die Gesellschaft, sondern auch für die eigene persönliche Entwicklung sehr wichtig.	**A** Begründung 1
	2 Die Arbeit ist oft interessant, denn man lernt etwas Neues kennen und erweitert seinen Horizont.	**B** Begründung 2
	3 So bekommt man vielleicht auch eine Idee für seinen zukünftigen Beruf. Vieles, was man durch das soziale Engagement lernt und kennenlernt, kann man im Arbeitsleben sicherlich gebrauchen.	**C** These
	4 Ich selbst engagiere mich in der Hausaufgabenhilfe, d. h. ich helfe jüngeren Schülern bei den Hausaufgaben. Dadurch weiß ich jetzt, dass ich gern mit Menschen arbeiten möchte und dass ich gut erklären kann. Deshalb möchte ich nun Lehrer werden.	**D** Fazit
	5 Durch soziales Engagement lernt man sich selbst besser kennen.	**E** Beispiel

c In Aufgabe 2b haben Sie bereits über negative Aspekte des sozialen Engagements nachgedacht. Formulieren Sie nun ein Argument nach dem Schema oben.

1. These → 2. Begründung → 3. Beispiel (aus dem eigenen Leben) → 4. Fazit

4 Sprachliche Mittel für das Argumentieren

a Ordnen Sie die Redemittel zu.

Ein Vorteil von … ist … | Negativ ist … | Positiv ist … zu sehen. | Ein anderer Nachteil ist … | Außer Acht lassen sollte man auch nicht … | Dafür spricht, dass … | … spricht dagegen. | Problematisch ist vielleicht … | Ungünstig scheint … zu sein. | Als positiv kann man … ansehen. | … ist von Nachteil. | Gegen … spricht …

Vorteile	Nachteile

b Formulieren Sie ganze Sätze aus den Redemitteln.

Dafür spricht, dass Engagement Spaß macht.

c Verbinden Sie die folgenden Sätze mithilfe der vorgegebenen Konnektoren.

1. Ein Vorteil beim sozialen Engagement ist, dass die Arbeit interessant ist. (denn) Man lernt fast immer etwas Neues kennen.

2. Positiv zu sehen ist natürlich auch die Möglichkeit, anderen zu helfen. (indem) Man kauft zum Beispiel für einen älteren Menschen in der Nachbarschaft ein.

3. Außer Acht lassen sollte man auch nicht die Erfahrungen. (Relativpronomen „die“) Erfahrungen kann man bei so einer Arbeit sammeln. (weil) Diese sind vielleicht für den späteren Beruf wichtig.

4. Problematisch ist meiner Meinung nach, dass man keine Zeit für die schwierigen Schulfächer hat. (nämlich) Man schafft es nicht mehr, für Klausuren zu üben. Man erledigt die Hausaufgaben nicht mehr so gewissenhaft. (sodass) Man verschlechtert sich vielleicht in der Schule.

5. Ein anderer Nachteil von sozialem Engagement ist, dass andere die Hilfsbereitschaft ausnutzen können. (obwohl) Man arbeitet z. B. schon viel für eine Organisation.

Tipp

Man erwartet von Ihnen bei der Erörterung, dass Sie die logische Beziehung der Sätze mithilfe von Konnektoren (Satzverbindungsmittel) deutlich machen. Nutzen Sie deshalb oft Konnektoren wie z. B. *trotzdem / wegen / folglich / dadurch, dass … / wenn / statt … zu* usw.

Portfolio 5: Das Material ordnen

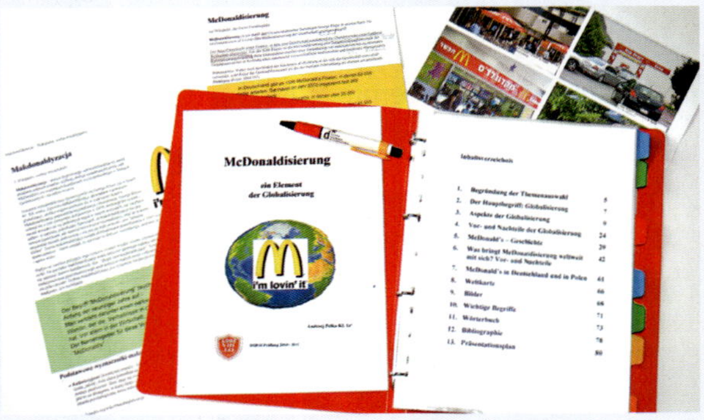

1 Strukturieren Sie das Material mithilfe einer Sammelmappe, in der Texte und Bilder gesammelt und geordnet werden können. Sie macht Ihre Fortschritte bei der Bearbeitung des Themas sichtbar und dokumentiert Ihre Arbeit. Beschriften Sie Ihre Mappe mit dem Arbeitstitel Ihres Projekts.

2 Wie würden Sie Rafaels Material ordnen? Diskutieren Sie in der Klasse.

- ☐ Inhaltsverzeichnis …
- ☐ DSD II Mündlicher Teil Titelseite
- ☐ Liste der Waldtiere unter Schutz
- ☐ Wie definiert man Tierschutz?
  - in meinem Land
  - in Deutschland
- ☐ Tiere im ZOO
- ☐ Fachwortschatzliste
- ☐ Plan der Präsentation
- ☐ Haustiere und ihre Rechte
- ☐ Umfrage in der Klasse: Wilde Tiere als Maskottchen im Zoo – dafür und dagegen.
- ☐ Bilder obdachloser Hunde
- ☐ Tierschutzorganisationen:
  - in meinem Land
  - in Deutschland

Tipp

Eine sinnvolle Reihenfolge beim Abheften Ihres gesammelten Materials hilft Ihnen, den Überblick zu behalten. Vielleicht bekommen Sie so schon auch eine Idee, wie Sie später Ihre Präsentation strukturieren können.

Selbstevaluation

Ich habe gemacht ...		Ich bin zufrieden ...		
	✓	☺	😐	☹
Wortschatz				
Leseverstehen				
Hörverstehen				
Mündliche Kommunikation				
Schriftliche Kommunikation				
Projekt				

Meine Wortliste zum Thema „Zusammenleben der Generationen“:

Sehen Sie sich noch einmal das Kapitel an und notieren Sie hier wichtige Wörter. Ergänzen Sie dann Ihre Notizen um Wörter, die Sie außerdem brauchen.

Wichtige Redemittel

Meine Lieblingswörter

6 Freizeit – Freie Zeit?

Training Schriftliche Kommunikation

▶ Sätze verbinden

1 Ferienprogramm

a Was machen die Jugendlichen auf den Bildern in ihren Ferien? Ordnen Sie die Bilder den Themen zu.

☐ eine Sprachreise unternehmen ☐ sich sozial engagieren ☐ Sport treiben ☐ Geld verdienen

b Warum machen die Jugendlichen das in den Ferien? Kreuzen Sie den richtigen Konnektor an. Die Buchstaben ergeben ein Lösungswort.

1. Er fährt mit seiner Sportgruppe weg und trainiert im Trainingscamp, ______________ er im nächsten Jahr wichtige Wettkämpfe haben wird.
   G ☐ weil D ☐ deshalb R ☐ nämlich
2. Sie will sich beruflich orientieren und ein wenig Geld verdienen. ______________ macht sie für zwei Wochen ein Praktikum in den Ferien.
   B ☐ Da R ☐ Darum Ü ☐ Zumal
3. Er besucht seine Großeltern. ______________ der großen Entfernung kann er das nur in den Ferien tun.
   Ü ☐ Wegen Z ☐ Deshalb E ☐ Darum
4. Er liebt es, lange zu schlafen. ______________ verbringt er in den Ferien viel Zeit im Bett.
   S ☐ Nämlich C ☐ Aufgrund N ☐ Deswegen
5. Sie chattet nach Herzenslust mit Freunden und trifft sich mit ihnen im Cafe. Sie ist ______________ einfach gern mit ihren Freunden zusammen – egal ob online oder real.
   T ☐ aufgrund M ☐ daher D ☐ nämlich
6. Sie hat Spaß daran, eine Fremdsprache zu lernen. ______________ nimmt sie an einer Sprachreise teil.
   G ☐ Da E ☐ Aus diesem Grund Ü ☐ Wegen

Lösungswort: ___ ___ ___ ___ ___ ___

Tipp

Das Deutsche ist reich an kausalen Konnektoren. Nutzen Sie diese in der Prüfung, wenn Sie etwas begründen müssen.

c Was machen Sie gern in den Ferien? Schreiben Sie 5 Satzpaare (jeweils eine Aktivität und einen Grund), ähnlich wie in Aufgabe b. Ihre Nachbarin / Ihr Nachbar muss dann Ihre Sätze mit einem passenden Konnektor verbinden.

Training Schriftliche Kommunikation

▶ Eine Argumentation aufbauen, die eigene Meinung äußern und begründen

1 Aufbau von Argumenten ▶ Kapitel 5

a Wie sind Argumente aufgebaut? Schreiben Sie die einzelnen Bausteine in das Schema.

Argument	
	1. ↓
	2. ↓
	3. ↓

Beispiel | Begründung | These

b Lesen Sie die Textteile zum Thema „Sprachreisen". Welche sind Pro-, welche sind Contra-Argumente?

Pro	Contra

A In einer Welt, in der Fremdsprachenkenntnisse eine immer größere Rolle spielen, werden Sprachreisen bei Jugendlichen immer beliebter. Denn man verbessert nicht nur seine Sprachkenntnisse, sondern hat auch jede Menge Spaß bei den zusätzlich angebotenen Freizeitaktivitäten. Diese variieren von Sport- und Outdooraktivitäten bis hin zur Durchführung von künstlerischen Projekten. So wirbt die Agentur Crosslingua z. B. mit Paddeltouren in Südfrankreich.

B Sprachreisen sind relativ teuer, da die An- und die Abreise, der Unterricht, die Freizeitaktivitäten und ein Taschengeld finanziert werden müssen. Für einen zweiwöchigen Kurs kann man schon mal mehrere Hundert Euro bezahlen.

C Aber der Gewinn lässt sich nicht in Geld ausdrücken: Man sammelt viele neue Eindrücke und Erfahrungen – fern von den manchmal noch sehr umsorgenden Eltern – und wird so ein Stück erwachsener. Manche entscheiden sich nach einer Sprachreise sogar für ein Sprachstudium oder ein Studium im Ausland.

D Allerdings verkürzen sich die Ferien, wenn man an einem Sprachkurs teilnimmt. Damit fehlt einem dann vielleicht die notwendige Erholung, die man braucht, um wieder Energie für das nächste Schuljahr zu tanken. Ich selbst habe in den Winterferien an einem Sprachkurs in Deutschland teilgenommen und hatte nicht genug Zeit, meine Freunde zu treffen.

c Markieren Sie in jedem Argument die einzelnen Bausteine (These, Begründung, Beispiel) mit jeweils anderen Farben.

d Schreiben Sie eine Tabelle mit eigenen Ideen zu Vor- und Nachteilen von Sprachreisen. Besprechen Sie Ihre Notizen anschließend mit Ihrer Nachbarin / Ihrem Nachbarn.

	Vorteile / Nachteile	Begründung	evtl. ein Beispiel
+	macht Spaß	anderes Lernen als in der Schule, kombiniert mit anderen Aktivitäten	
–			

2 Eine Argumentation aufbauen

Info

Es gibt zwei Möglichkeiten, Ihre Argumentation aufzubauen. Wenn Sie zuerst alle Pro-Argumente für einen Sachverhalt anführen und erst danach alle Contra-Argumente, nennt man das eine lineare Erörterung. Wenn Sie Pro- und Contra-Argumente abwechselnd anführen, ist es eine dialektische Erörterung.

a Ordnen Sie zu: Welche Form ist eine dialektische, welche eine lineare Erörterung?

Pro-Argument 1 → Contra-Argument 1 → Pro-Argument 2 → Contra-Argument 2 → Pro-Argument 3 → Contra-Argument 3 → …: ____________________

Pro-Argument 1 → Pro-Argument 2 → Pro-Argument 3 → Contra-Argument 1 → Contra-Argument 2 → Contra-Argument 3 → …: ____________________

b Welche Redemittel eignen sich für die lineare Anordnung von Pro- oder Contra-Argumenten, welche für die dialektische Anordnung? Zeichnen Sie eine Tabelle in Ihr Heft und ordnen Sie zu.

auf der einen Seite … auf der anderen Seite | einerseits … andererseits | Während … | Zwar … aber … | dennoch … | trotzdem …

Des Weiteren … | Darüber hinaus … | Außerdem … | Schließlich ist noch … zu nennen. | Zu nennen ist hier auch noch … | Dann muss auch Folgendes berücksichtigt werden: … | Dazu kommt auch noch …

____________________ ____________________

c Schreiben Sie nun eine Erörterung zum Thema „Wie sinnvoll sind Sprachreisen?" Achten Sie auf den Aufbau Ihrer Argumente und entscheiden Sie sich für eine Argumentationsform (dialektisch, linear). Verwenden Sie die oben angegebenen Redemittel und die Redemittel aus Kapitel 5 (S. 65).

3 Die eigene Meinung äußern und begründen

Tipp

Nachdem Sie Pro und Contra erörtert, begründet und mit Beispielen belegt haben, erwartet man von Ihnen in der Prüfung, dass Sie zu einer eigenen Meinung gekommen sind (Dritte Teilaufgabe der Schriftlichen Prüfung).

Sie können bei Ihrer Meinung auch neue Argumente anführen. Haben Sie kein Argument mehr? Dann greifen Sie auf ein bereits erwähntes Argument zurück, das Ihren Standpunkt unterstützt. Wichtig ist aber auch hier, dass Sie Ihre Meinung gut begründen.

a Schließen Sie Ihre Erörterung aus 2c ab, indem Sie Ihre Meinung zum Thema *Sprachreisen* anfügen. Benutzen Sie folgende Redemittel.

Ich denke, dass … | Für mich persönlich … | Meiner Meinung nach ist … | Aus meiner Sicht ist … | Ich halte … für sinnvoll, denn … | Meiner Erfahrung nach …

Ich denke, wie bereits oben erwähnt, dass … | Das oben erwähnte Argument … ist für mich das entscheidende. Deswegen meine ich … | Das ist auch der Grund dafür, dass ich … | Ich bin der Auffassung, dass … | Ein Hauptargument ist für mich bereits oben genannt: …

b Tauschen Sie nun die Texte mit Ihrer Nachbarin / Ihrem Nachbarn. Bewerten Sie die Erörterung anhand der folgenden Kriterien:

	☹	😐	☺
Kann ich verstehen, was sie / er schreibt?			
Sind die Argumente sinnvoll aufgebaut (Begründung, Beispiele)?			
Sind sie logisch?			
Ist ein klarer Aufbau der Argumentation zu erkennen? (dialektisch / linear)			
Ist die eigene Meinung verständlich?			
Ist sie gut begründet worden?			
Sind Konnektoren benutzt worden?			

c Geben Sie Ihrer Nachbarin / Ihrem Nachbarn Tipps, was sie / er besser machen könnte.

4 Eine Argumentation schreiben

a Lesen Sie das Aufgabenblatt.

Erörtern Sie das Thema „Allein verreisen". Gehen Sie dabei auf folgende Punkte ein:

- Was spricht dafür, als Jugendlicher in den Ferien allein zu verreisen? Was spricht dagegen?
- Wie ist Ihr Standpunkt? Begründen Sie Ihre Meinung.

Allein verreisen …

Eltern haben große Sorgen, wenn ihre Kinder das erste Mal allein in den Urlaub fahren wollen. Sie haben dann Bedenken, dass ihr Kind noch zu jung dafür ist. Verstehen kann man die Jugendlichen auf jeden Fall, denn der Urlaub mit Mutter und Vater wird ab einem gewissen Alter einfach zu langweilig, da die Interessen nicht mehr übereinstimmen und es immer wieder Diskussionen zu Urlaubsaktivitäten gibt.

Natürlich müssen Eltern selbst entscheiden, ab welchem Alter sie ihre Kinder allein auf Reisen schicken. Aber generell sollten Jugendliche nicht vor Vollendung des achtzehnten Lebensjahres ohne Aufsicht in den Urlaub fahren, denn Eltern haben die Verantwortung für ihr Kind, bis es volljährig ist. Laut Gesetz besteht bis zu diesem Alter eine Aufsichtspflicht. Sollten die Kinder schon in einem jüngeren Alter allein verreisen, müssen Eltern eventuell für angerichtete Schäden aufkommen. In vielen Ländern müssen Jugendliche auch eine formlose Bescheinigung dabei haben, dass ihre Eltern mit der Reise einverstanden sind.

Eine gute Alternative sind da Reisen mit einer betreuten Jugendgruppe, da bei solchen Fahrten speziell auf die Interessen der Jugendlichen eingegangen wird. Hier erleben die Teens die Freiheit, nicht mit den Eltern verreisen zu müssen, und trotzdem nicht ganz ohne Aufsicht und Betreuung zu sein. Eine solche Reise ist daher für junge Leute ein wichtiger Schritt in die Selbstständigkeit: Sie lernen, sich an fremden Orten zurechtzufinden, sie können neue Freundschaften schließen und Abenteuer erleben – ohne die Eltern im Hintergrund.

b Bereiten Sie das Schreiben vor:

Schritt 1: Welche Vor- und Nachteile nennt der Text?
Schritt 2: Sammeln Sie eigene Ideen zu Vor- und Nachteilen zum Thema (wie in der Tabelle von 1d, S. 69).
Schritt 3: Überlegen Sie, wie Sie Ihre Argumentation aufbauen. Bringen Sie zuerst alle Pro-Argumente und danach die Contra-Argumente oder wechseln Sie diese ab?
Schritt 4: Notieren Sie Stichpunkte zur eigenen Meinung.
Schritt 5: Schreiben Sie jetzt Ihre Erörterung. Sie haben ca. 30 Minuten Zeit.

c Tauschen Sie den Text mit Ihrer Nachbarin / Ihrem Nachbarn aus. Überprüfen Sie die Texte mithilfe der Checkliste. Geben Sie Ihrer Nachbarin / Ihrem Nachbarn anschließend ein Feedback.

	☺	😐	☹
Kann ich verstehen, was sie / er schreibt?			
Hat sie / er genügend Pro- und Contra-Argumente genannt?			
Sind die Argumente begründet worden?			
Sind überzeugende Beispiele aufgeführt worden?			
Hat sie / er Redemittel benutzt, um die Argumentation klar zu formulieren?			
Hat sie / er Konnektoren benutzt?			
Ist die eigene Meinung zum Thema gut begründet worden?			

Training Mündliche Kommunikation

▶ Das Kriterium „Interaktion" im Prüfungsgespräch

1 Das Wort ergreifen

a Lesen Sie die Kriterien der mündlichen Prüfung C1 zur Interaktion: Wie verstehen Sie die Kriterien? Beschreiben Sie die Unterschiede mit eigenen Worten.

Info

Nach dem Kurzreferat stellt Ihnen die Prüferin / der Prüfer einige Fragen. Sie sollen die Fragen beantworten und möglichst selbst auch die Initiative ergreifen.

3 Punkte → C1
Der Schüler vertritt überzeugend seine Position, ergreift die Initiative, geht auf Fragen und Kommentare ein und reagiert flüssig, spontan und angemessen auf Argumente.

1 Punkt → B2
Der Schüler vertritt seine Position, geht auf Fragen und Kommentare ein und reagiert auf Argumente.

0 Punkte → unter B2
Der Schüler vertritt seine Position, hat aber Schwierigkeiten, sich auf eine Diskussion einzulassen.

b Wie würden Sie im folgenden Gespräch die Interaktion von drei Schülern bewerten? Begründen Sie Ihre Meinung.

Sie meinen also, dass die Schüler immer weniger lesen? Warum?

1 Ich mag keine Bücher. Ich sehe mir lieber die Verfilmung an.

_________ Punkte

2 Ich denke, dass die Situation wirklich so ist, wie ich sie gerade gezeigt habe. Ich habe auch mit meinen Eltern darüber gesprochen. Früher hat man mehr gelesen, sie haben sogar Bücher von ihrem Taschengeld gekauft. In meiner Klasse gibt es nur eine Person, die sich für ihr Taschengeld Bücher kauft. Die anderen geben das Geld eher fürs Kino oder die Disco aus. Gründe dafür sehe ich in …

_________ Punkte

3 Die Schüler sind zu faul zum Lesen. Sie spielen nur Computer. Sie chatten und surfen im Internet. Das ist nicht gut.

_________ Punkte

2 Partnerspiel

a Ordnen Sie die Fragen den Aspekten zu.

1. Denken Sie, dass junge Menschen in ihrer Freizeit auch arbeiten sollen?
2. Sie haben aktive Erholung als die beste Freizeitgestaltung genannt. Warum?
3. Können Sie sich eine Schule ohne Lehrer vorstellen?

Freizeitaktivitäten	Erholung	Ferienjob
Kultur	**Freizeitwelten**	Gesundheit
Taschengeld	Schule	Ziele

b Reagieren Sie abwechselnd auf diese Fragen und bewerten Sie Ihre Antworten nach den Kriterien oben.

c Stellen Sie Fragen zu anderen Aspekten und antworten und bewerten Sie weiter.

Wortschatztraining

1 Beantworten Sie die Quizfragen zum Thema Medien. ▶ Kapitel 1

	Frage	Antwort	Punkte
1	Nennen Sie fünf Anglizismen aus der Computersprache.		___/5
2	Welche technischen Geräte nutzen moderne „Medien"? (5 Geräte)		___/5
3	Was passt zusammen? a etwas ins Internet — 1 hören b das Internetradio — 2 runterladen c die Datei — 3 stellen d eine E-Mail — 4 lesen e eine Webseite — 5 erstellen		___/5
4	Bilden Sie mindestens je zwei Komposita a Chat… b Speicher… c Drucker…	a ____________ b ____________ c ____________	___/4
5	Welches Wort fehlt? …kompetenz …kritik …nutzung		___/1
		Gesamtpunktzahl	___/20

Tipp

Wiederholen Sie in regelmäßigen Abständen den gelernten Wortschatz.

2 Eine Umfrage durchführen und auswerten ▶ Kapitel 3, 4

a „Wie sieht Dein Medienalltag aus?" Führen Sie eine Umfrage in der Klasse durch. Schreiben Sie die Fragen an die Tafel und führen Sie eine Strichliste.

1. Welches technische Gerät nutzt du am meisten?
   A ☐ Fernseher B ☐ Computer C ☐ Handy
2. Wie lange bist du pro Tag durchschnittlich online?
   A ☐ 30 Minuten B ☐ 60 Minuten C ☐ 90 Minuten D ☐ mehr als 90 Minuten
3. Welche Funktion des Handys ist für dich am wichtigsten?
   A ☐ SMS schreiben B ☐ Spiele spielen C ☐ telefonieren D ☐ fotografieren
4. Hast du schon mal selbst etwas ins Internet gestellt?
   A ☐ Ja B ☐ Nein
5. Was ist wichtiger für dich?
   A ☐ Internetkontakt B ☐ persönlicher Kontakt

b Diskutieren Sie: Mit welchem Diagramm könnte man die Ergebnisse Ihrer Umfrage gut darstellen?

c Welche allgemeinen Angaben können Sie zu Ihrer Umfrage machen?

Titel:
Thema:
Anzahl der befragten Schüler/innen:
Quelle: Klassenumfrage, Datum: ________ Ort: ________

d Welche Redemittel brauchen Sie, um die Umfrage auszuwerten?
Werten Sie die Umfrage zu zweit aus. Stellen Sie Ihre Ergebnisse dann einer anderen Gruppe vor.

Training Leseverstehen

▶ Das Leseverstehen 2 wiederholen

1 Erinnern Sie sich an die Aufgaben im Leseverstehen 2? Beantworten Sie die Fragen. ▶ Kapitel 2

A Wie viele Aussagen müssen Sie prüfen? ______________________

B Wie heißen die Wörter, die Ihnen helfen eine Textstelle zu finden? ______________________

C Was müssen Sie bei dieser Aufgabe entscheiden? ______________________

2 Die Aufgaben lösen

Tipp

Um das Leseverstehen 2 zu üben, können Sie so vorgehen: Lesen Sie die Aussage. Formulieren Sie die Aussage mit eigenen Worten und notieren Sie in der Tabelle. Suchen Sie dann die passende Stelle im Text „Null Blog" und entscheiden Sie, ob die Aussage richtig (r) oder falsch (f) ist, oder ob der Text dazu nichts sagt.

Die Reihenfolge der Aussagen 1 bis 7 folgt immer der Reihenfolge der Aussagen dazu im Text. Der Text sagt also zuerst etwas zu Aussage 1, dann zu 2, usw. Es hilft beim Lösen, wenn Sie Signalwörter markieren und die Textstellen entsprechend der Aufgabe nummerieren.

a Lesen und lösen Sie jetzt die Aufgaben 1 bis 7 wie im Tipp und mit dem Beispiel Z erklärt.

	Was steht in der Aussage? (mit eigenen Worten)	r	f	Der Text sagt dazu nichts	Was steht im Text?
Z	schaut sehr gern Sport-videos bei Youtube an			X	klickt sich durch Sportvideos bei Youtube, schaut sie sich an, nebenbei = keine Aussage, ob er sie begeistert anschaut
1					
2					
3					
4					
5					
6					
7					

b Vergleichen Sie Ihre Lösungen in der Klasse.

c Überlegen Sie gemeinsam, warum Sie (einen) Fehler gemacht haben oder erklären Sie den anderen, wie Sie die richtige Lösung gefunden haben.

Haben Sie ...

- die Textstelle nicht gefunden?
- ein Synonym nicht erkannt?
- keine Konzentration heute?
- die Aussage nicht verstanden?

Beispiel:

Z	Jetlir schaut sich begeistert Sportvideos bei Youtube an.

1	Für Jetlir ist der Basketballclub sehr wichtig.
2	Das Internet spielt die Hauptrolle in Jetlirs Leben.
3	Viele Forschungsprojekte weisen nach, dass die Existenz einer „Generation @" nicht zutreffend ist.
4	In den Internet-Communities wird über andere gesprochen, es werden Witze gemacht und man stellt sich dar – genauso wie im realen Leben.
5	Der Wissenschaftler Dr. Schulmeister meint, dass bei den jungen Leuten der Austausch über Sport und Freunde wichtig ist.
6	Die Statistik der Internetnutzung zeigt, dass die Unterhaltungsangebote am meisten genutzt werden.
7	Die Mediennutzungszeit wird durch die Addition der Nutzungszeiten errechnet.

„Null Blog"

Tag für Tag ist Jetlir online, oft viele Stunden bis spät in die Nacht. Fast immer ist auf dem Bildschirm das Fenster seines Chat-Programms offen. Freunde und Bekannte schreiben da gleichzeitig durcheinander. Ab und zu tippt Jetlir einen Satz, irgendwas Witziges oder ein Hallo, während er sich nebenbei durch die Sportvideos bei YouTube klickt. Jetlir ist 17 Jahre alt und Gymnasiast in Köln. Er könnte gut in einer der üblichen Geschichten über die „Netzgeneration" auftreten, die durch das virtuelle Netz gefährdet ist. Aber wirklich wichtig sind ihm andere Dinge, allen voran Basketball. „Der Verein geht vor", sagt Jetlir. Auch sonst hat das echte Leben Vorrechte: „Wenn sich jemand mit mir treffen will, mache ich sofort die Kiste aus." Z

In Jetlirs Alltag spielt das Internet eine paradoxe Rolle: Er nutzt es ausgiebig – aber es ist ihm nicht wichtig. Es ist unverzichtbar, aber nur, wenn sonst nichts anliegt. „Eine Nebensache", sagt er. Dabei schwärmen Experten seit Jahren von einer technikbeseelten Jugend neuen Typs: mobil, vernetzt und immer online. Ihr Leben würde gar nicht mehr ohne Computer und Mobiltelefon stattfinden, behaupten sie. Diese Medienexperten nennen solche Jugendlichen „Cyberkids", „Generation @" oder schlicht die „Netzgeneration".

Belege dafür gibt es kaum. Statt auf Studien stützen sich die Visionäre vor allem auf eindrucksvolle Einzelbeispiele jugendlicher Netzvirtuosen. Über die gesamte Generation sagt das natürlich wenig aus, wie die Forschung inzwischen weiß. Zahlreiche Studien haben zusammengetragen, wie die Jugend tatsächlich mit dem Internet umgeht. Ihre Forschungsberichte lassen vom Bild der „Netzgeneration" wenig übrig – und zugleich räumen sie auf mit dem Glauben an die alles verändernde Macht der Technik.

Die Erhebung des Hans-Bredow-Instituts mit dem Titel „Heranwachsen mit dem Social Web" ging dabei besonders gründlich vor. Wie sich hier zeigte, dient das Internet vor allem der Freundschaftspflege. In den sozialen Netzwerken von Facebook bis SchülerVZ wird getratscht, gewitzelt und posiert – ganz wie im echten Leben. Älteren mag das völlig sinnfrei vorkommen, für die Jugend gehört es zum Gruppenleben, genauso wichtig wie ein freundliches Winken oder eine Blödelei in der Offline-Welt.

Prof. Dr. R. Schulmeister, ein Experte für digitale Medien im Unterricht, kommt zu dem Schluss, dass die Medien nur einen Teil der Freizeitaktivitäten ausmachen und es auch sehr viele Jugendliche gibt, denen der Onlinerummel egal ist. „Das Internet ist nur ein Medium unter anderen. Für Jugendliche ist es immer noch wichtiger, Freunde zu treffen oder Sport zu treiben." Es geht um den Austausch mit ihresgleichen.

E-Mail, Chat und soziale Netzwerke machen zusammen den größten Einzelposten in der Nutzungsstatistik aus. Die Unterhaltung ist der zweitgrößte Posten in der Nutzungsstatistik. Inzwischen hören mehr Jugendliche ihre Musik im Internet als im Radio. Vor allem das Videoportal YouTube ist hier für die Jugendlichen wichtig geworden, denn es gibt kaum ein Lied, das man dort nicht finden könnte.

Die reine Mediennutzungszeit nimmt zwar zu, aber wer einfach nur Nutzungszeiten addiert, bekommt ein falsches Bild. Die meisten Jugendlichen können problemlos gleichzeitig telefonieren, bei Facebook stöbern und nebenher Musik hören. Und sie sind wohl vor allem zu jenen Zeiten online, die sonst ungenutzt bleiben würden. „Ich bin im Internet, wenn ich nichts Besseres zu tun habe", sagt Jetlir. „Und leider auch oft, wenn ich längst schlafen sollte." So kann die Mediennutzung stetig ansteigen und doch bleibt reichlich Lebenszeit erhalten.

3 Fassen Sie den Text kurz für Ihre Nachbarin / Ihren Nachbarn zusammen.

Freizeit – Freie Zeit?

Training Hörverstehen

▶ Das Hörverstehen 3 wiederholen ▶ Kapitel 2, 5

1 Den Wortschatz vorentlasten: Welches Wort / welche Wortgruppe passt?

einen Einblick bekommen | sich eignen für | etwas überbrücken | vergüten | unter fachmännischer Anleitung arbeiten | der Verdienst | die Verpflegung | Ermäßigung erhalten | die Einsatzstelle | sich austauschen über | Verantwortung übernehmen

1. Essen, das man während der Arbeit oder während eines Ausflugs bekommt: die Verpflegung
2. Lohn für eine Tätigkeit bezahlen: __________
3. aufgrund eines Schüler- und Studentenausweises weniger Eintritt bezahlen: __________
4. auf einem neuen Gebiet erste, kurze Erfahrungen machen: __________
5. von einem Experten Hilfe bei der Arbeit bekommen: __________
6. zuständig für etwas oder jemanden sein: __________
7. mit anderen über ein Thema sprechen: __________
8. Talent für etwas haben: __________
9. eine Wartezeit mit anderen Tätigkeiten füllen: __________
10. ein Ort, an den man zum Arbeiten geschickt wird: __________
11. Geld, das man für seine Arbeit bekommt: __________

2 Die Sozialversicherung in Deutschland

a Ergänzen Sie: Welche Versicherungen gehören zur Sozialversicherung?

Arbeitslosenversicherung | Krankenversicherung | private Unfallversicherung | Haftpflichtversicherung | Pflegeversicherung | Rentenversicherung

Sozialversicherung:

__________ __________ __________ __________

b Welche Versicherung ist dafür zuständig?

1. Wenn man seine Arbeit verloren hat, leistet diese Versicherung finanzielle Hilfe. __________
2. Wenn man im Alter nicht mehr arbeitet, zahlt diese Versicherung einen monatlichen Betrag. __________
3. Wenn man erkrankt, übernimmt diese Versicherung die Kosten für den Arzt und die Medikamente. __________
4. Wenn man aufgrund einer Krankheit oder im Alter medizinische Pflege braucht, hilft diese Versicherung. __________
5. Wenn man bei der Arbeit einen Unfall hatte, trägt diese Versicherung die Kosten für die Behandlung. __________

3 Recherchieren Sie im Internet Fakten zum Freiwilligen Sozialen Jahr (FSJ).

1. Seit wann gibt es die Möglichkeit, ein FSJ zu absolvieren?
2. In welchen Bereichen kann man arbeiten?
3. Welche Einsatzstellen kommen in Frage? (5 Beispiele)
4. Welchem allgemeinen Dienst wird das FSJ seit 2011 zugeordnet?

18–19

4 Ein „Freiwilliges Soziales Jahr beim FSD Köln"

a Lesen Sie die Fragen. Hören Sie dann das Interview und notieren Sie Stichpunkte zu den Fragen.

Tipp

Wenn Sie Fragen beantworten, müssen Sie keine vollständigen Sätze schreiben, Stichworte genügen. Notieren Sie die wichtigsten Wörter. Verwenden Sie bei den Notizen Abkürzungen.

1. Für wen ist ein FSJ sinnvoll?
2. Wie wird das FSJ vergütet?
3. Wo muss man sich bewerben?
4. Wann beginnt ein FSJ normalerweise?
5. Was kann man bei den Bildungsseminaren machen?
6. Welchen zusätzlichen Vorteil hat ein FSJ?

Tipp

Beim ersten Hören können Sie Notizen zum Text machen, anstatt gleich die richtige Antwort anzukreuzen. So konzentrieren Sie sich auf den ganzen Text statt auf die einzelnen Aufgaben.

b Hören Sie den Text ein zweites Mal. Kreuzen Sie die richtige Antwort an.

Tipp

Wenn Sie eine Information überhört haben, überlegen Sie nicht lange. Richten Sie Ihre Aufmerksamkeit auf die nächste Aufgabe.

1. Das Freiwillige Soziale Jahr gibt jungen Menschen die Möglichkeit,
   - A ☐ die Schule gut abzuschließen.
   - B ☐ eine Ausbildung auszuprobieren.
   - C ☐ ihre Berufsvorstellungen zu überprüfen.
2. Von dem monatlichen Verdienst muss man
   - A ☐ verschiedene Versicherungsbeiträge bezahlen.
   - B ☐ die eigene Verpflegung bezahlen.
   - C ☐ sich einen speziellen Ausweis kaufen.
3. Die Vermittlungsstellen für das FSJ heißen
   - A ☐ Teamer.
   - B ☐ Träger.
   - C ☐ Einsatzstellen.
4. Bei Problemen und Fragen
   - A ☐ hilft einem der Träger.
   - B ☐ bekommt man keine Unterstützung.
   - C ☐ muss man einen Brief schreiben.
6. In den Bildungsseminaren geht es um
   - A ☐ Erfahrungsaustausch.
   - B ☐ die zukünftige Arbeit.
   - C ☐ die Vergütung.

c Hat es Ihnen geholfen, beim ersten Hören Notizen zu machen?
Sprechen Sie im Kurs über Ihre Erfahrungen.

Portfolio 6: Arbeit mit dem Wörterbuch

Tipp

Nicht alle Texte, die Sie bei Ihrer Recherche für Ihr Thema finden, sind auf Deutsch, deshalb müssen Sie manchmal auch Texte übersetzen. Dafür brauchen Sie ein gutes Wörterbuch.

1 Haben Sie das richtige Wörterbuch?

a Haken Sie ab: Enthält Ihr Wörterbuch …

– Hinweise zur Aussprache (Akzente oder phonetische Transkription)?	
– Markierungen zur Silbentrennung?	
– die Pluralformen von Nomen?	
– den Artikel von Nomen?	
– Beispielsätze?	
– eine Liste der unregelmäßigen deutschen Verben?	
– mindestens 50.000 Wörter pro Sprache?	

Tipp

Wenn Sie alles angekreuzt haben, haben Sie ein gutes Wörterbuch. Wenn nicht, sollten Sie ein anderes wählen, das alle Anforderungen erfüllt. Außerdem sollten Sie zusätzlich mit einem einsprachigen deutschen Wörterbuch arbeiten und Übersetzungen dort immer noch einmal prüfen. Sie finden auch im Internet gute Onlinewörterbücher, z. B. http://wortschatz.uni-leipzig.de, www.pons.eu oder www.dwds.de.

b Können Sie mit Ihrem Wörterbuch richtig umgehen? Üben Sie:

- Verstehen Sie die Abkürzungen?
- Wie werden Plural oder Genitivformen dargestellt?
- …

2 Vorsicht! Falsche Freunde!

Überlegen Sie gemeinsam im Kurs, welche Beispiele es für folgende „falsche Freunde" gibt.

1. ein Wort in Ihrer Sprache – zwei oder mehrere Bedeutungen auf Deutsch
2. ein Wort auf Deutsch – zwei oder mehrere verschiedene Bedeutungen in Ihrer Sprache
3. ein Nomen auf Deutsch mit zwei Artikeln und verschiedenen Bedeutungen

Tipp

Lesen Sie also im Wörterbuch alle Bedeutungen unter dem gesuchten Wort. Welche Bedeutung (welcher Kontext) kommt Ihrem Text am nächsten?

3 Ein Glossar anlegen

Tipp

Für Ihre Projektarbeit brauchen Sie wahrscheinlich ganz spezielle und neue Wörter. Prüfen Sie diese gut – mit dem Wörterbuch, aber auch im Internet. Haben Sie das richtige Vokabular? Legen Sie sich ein Glossar an, notieren Sie die Wörter auf Deutsch und in Ihrer Muttersprache. Notieren Sie auch den Artikel, evtl. Pluralendungen oder Besonderheiten (Deklination, Konjugation, Zeitformen).

Deutsch	Polnisch
der Tierschutz die Tierschutzorganisation, -en	

Selbstevaluation

Ich habe gemacht ...		Ich bin zufrieden ...		
	✓	☺	😐	☹
Schriftliche Kommunikation				
Mündliche Kommunikation				
Wortschatz				
Leseverstehen				
Wortschatz				
Hörverstehen				
Projekt				

Meine Wortliste zum Thema „Freizeit – Freie Zeit“:

Sehen Sie sich noch einmal das Kapitel an und notieren Sie hier wichtige Wörter. Ergänzen Sie dann Ihre Notizen um Wörter, die Sie außerdem brauchen.

Wichtige Redemittel

Meine Lieblingswörter

7 Mobilität

Wortschatztraining

1 Wie heißen diese „eingewanderten" Wörter? Die grauen Kästchen ergeben senkrecht das Lösungswort.

1. der Rechner
2. das Weltmeer
3. der Fernsprecher
4. die Erdkunde
5. das Dunkelblaurot
6. das geschäftliche Treffen
7. der Vorgesetzte
8. der Erdteil
9. der Raumfahrer
10. der begeisterte Anhänger, z. B. Fußball-

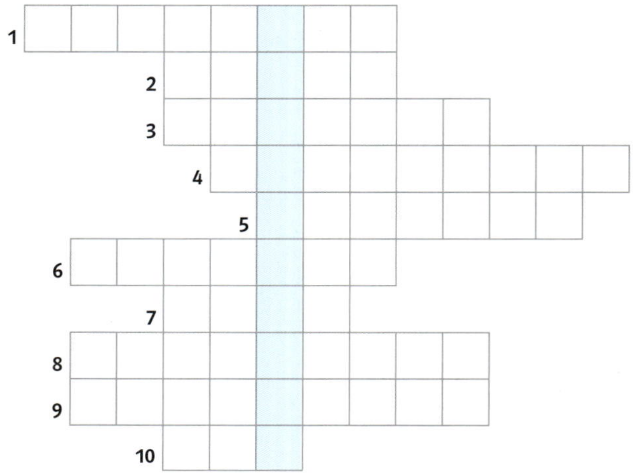

Tipp

Im Deutschen gibt es einen „doppelten" Wortschatz, denn fast alle Fremdwörter haben ein deutsches Äquivalent. Diese werden in der Prüfung oft als Synonyme verwendet. Notieren Sie die Äquivalente beim Vokabellernen auf Ihren Vokabelkärtchen.

2 Wortbildung

a Bilden Sie Nomen. Manchmal gibt es mehrere Möglichkeiten.

1. heimatlos *der/die Heimatlose, die Heimatlosigkeit*
2. auswandern ______
3. einwandern ______
4. zuwandern ______
5. emigrieren ______
6. einheimisch ______
7. fliehen ______
8. ankommen ______

b Wählen Sie in Gruppen eines der Nomen aus Aufgabe 2a und erklären Sie es anhand von Beispielen, ohne den Begriff zu nennen. Die anderen raten, um welchen Begriff es geht.

Training Mündliche Kommunikation

▶ Den Kurzvortrag und das Prüfungsgespräch üben

1 Thema Mobiliät

a Arbeiten Sie in Gruppen zu dritt. Welche Aspekte fallen Ihnen zum Thema „Mobilität" ein? Ergänzen Sie das Cluster damit.

b Erinnern Sie sich? Welchem Teil des Kurzvortrags würden Sie die einzelnen Punkte zuordnen?

A Erklärung des Begriffes (Definition) | B aktuelles Beispiel | C Argumente (Pro & Contra) | D Eigene Meinung | E Problemstellung | F Ursache – Wirkung – Folge | G Vergleich: mein Land – Deutschland | H persönlicher Bezug | I gegenwärtige Situation | J Ausblick auf die Zukunft oder Lösungsmöglichkeiten

Einleitung	Hauptteil	Schluss

c Bereiten Sie nun einen Kurzvortrag zum Thema „Mobilität" vor. Erstellen Sie auch eine Folie / ein Plakat für Ihren Vortrag mit den wichtigsten Punkten.

d Halten Sie nun den Kurzvortrag. Ein Gruppenmitglied notiert Fragen für das anschließende Gespräch, das andere Gruppenmitglied beobachtet und macht sich Notizen zu Inhalt und Aufbau des Vortrags.

Vortrag:	☺	☺	☹
Alle zentralen Begriffe des Vortrags werden erläutert.			
Es werden Pro- und Contra-Argumente genannt.			
Es wird über Ursache, Wirkung bzw. Folgen gesprochen.			
Die gegenwärtige Situation wird beschrieben.			
Die eigene Meinung wird begründet dargelegt.			

e Spielen Sie anschließend das Prüfungsgespräch. Die / der Beobachtende notiert, wie sich die / der Vortragende verhält:

Gespräch:	☺	☺	☹
Die / der Vortragende vertritt überzeugend die eigene Position.			
Sie / er ergreift die Initiative.			
Sie / er geht auf Kommentare und Fragen ein.			
Sie / er reagiert spontan und angemessen auf Argumente.			
Sie / er spricht flüssig, laut und deutlich.			

f Werten Sie dann aus: Was ist gut, was ist nicht so gut gelungen? Tauschen Sie dann die Rollen.

Training Schriftliche Kommunikation

▶ Textaufbau und Überleitungen

1 „Ein Freiwilliges Soziales Jahr im Ausland absolvieren – ja oder nein?"

a Lesen Sie die Textauszüge. In welcher Reihenfolge würden Sie diese zusammenfügen?

S
Sehr interessant zu diesem Thema ist der Blick auf die vorliegenden Grafiken, die den gemeinsamen Titel … tragen und von … im Jahr … veröffentlicht wurden.

B
Nach Abschluss der Schule fragt man sich vielleicht, was man als Nächstes tun soll: sofort studieren oder zunächst einen Beruf lernen oder ins Ausland gehen? Welche Möglichkeiten habe ich z. B. für einen Auslandsaufenthalt?

A
Mit diesem Thema beschäftigt sich der Text mit dem Titel …, der von … im Jahr … veröffentlicht wurde.

T
Es zeigt sich, dass immer mehr Jugendliche nach der Schule erst einmal ins Ausland gehen, um dort ein Freiwilliges Soziales Jahr zu machen. Das kann man an den steigenden Zahlen sehen. Besonders zwischen den Jahren … und … sind die Zahlen gestiegen. In der zweiten Grafik werden die Gründe aufgeführt, warum junge Leute so gern ins Ausland gehen. Das wichtigste Motiv ist …, gefolgt von … Laut Umfrage ist … nicht so wichtig.

E
Nachdem nun einige Fakten zum Thema mithilfe des Textes und der Grafik dargestellt wurden, kann nun genauer auf die Frage eingegangen werden, welche Vorteile und Nachteile ein Freiwilliges Soziales Jahr im Ausland hat.

U
Der Text informiert darüber, dass das Freiwillige Soziale Jahr (FSJ) … Ein Aspekt, der besonders hervorgehoben wird, ist … Als Beispiel wird hier das … genannt. Der Text zitiert Herrn X, der feststellt, dass … sei. Zwar gebe es eine steigende Zahl von Interessenten, gleichzeitig aber nehme die Zahl der Angebote nur langsam zu …

I
Ein Grund, der für das FSJ im Ausland spricht, ist … Einen weiteren Vorteil sehe ich in …, wie auch schon in der Grafik ersichtlich ist. Auf der einen Seite ist … Auf der anderen Seite muss man natürlich auch bedenken, dass … Ein Nachteil, den man in diesem Zusammenhang nennen muss, ist natürlich …

N
Meine Meinung zu diesem Thema ist beeinflusst von den überwiegend positiven Aspekten, die ein FSJ hat. Meiner Auffassung nach ist ein FSJ im Ausland von Vorteil, denn, wie schon oben erwähnt, ist es für die meisten eine wichtige Orientierung für die spätere Studien- bzw. Berufswahl. Das ist auch für mich das stärkste Argument. Außerdem kommt noch hinzu, dass … Deswegen halte ich ein Jahr im Ausland für gut.

E
Um abschließend noch einmal die Frage vom Anfang aufzugreifen, nämlich ob man sofort studieren oder eine Berufsausbildung oder ein FSJ absolvieren sollte, so lautet meine Antwort, dass die Vorteile für ein Jahr im Ausland überwiegen. Am Ende muss aber jeder selbst entscheiden, was für seine Situation am besten ist.

b Tragen Sie die Buchstaben neben den Auszügen hier ein. Wie heißt das Lösungswort?

„T E X T ___ ___ ___ ___ ___ ___ ___ ___ ___ ___"

2 Textaufbau

Ordnen Sie den Bausteinen aus 1a die Vorgaben aus dem Schüttelkasten zu.

Bausteine einer Erörterung
Überleitung zur Textwiedergabe | ~~Einleitung~~ | Grafikzusammenfassung | Erörterung (Pro-Contra-Diskussion) | eigener Standpunkt (eigene Meinung) | Überleitung zur Erörterung | Grafikbeschreibung | Schlusssatz | Textwiedergabe

Baustein	Textaufbau
B	1. Einleitung
A	2.
U	
S	
T	
E	
I	
N	
E	

Tipp

Die Erörterung im Prüfungsteil *Schriftliche Kommunikation* sollte diese neun „Bausteine" beinhalten. Sie können diese anders anordnen, z. B. können Sie auch die Grafik vor der Textzusammenfassung erklären. Wichtig ist aber, dass Sie alle bearbeiten und dass sich die Bestandteile des Textes logisch aufeinander beziehen.

3 Die Einleitung

a Lesen Sie jetzt noch einmal die Einleitung. Welches stilistische Mittel wird hier genutzt?

b Welche anderen Möglichkeiten könnten Sie nutzen, um eine Einleitung zu formulieren? Kreuzen Sie an.

B Nach Abschluss der Schule fragt man sich vielleicht, was man als Nächstes tun soll: sofort studieren oder zunächst einen Beruf lernen oder ins Ausland gehen? Welche Möglichkeiten habe ich z. B. für einen Auslandsaufenthalt?

1. ☐ von einem eigenen Erlebnis berichten, das einen Bezug zum Thema hat
2. ☐ Bezug auf eine Begebenheit (z. B. eine aktuelle Nachricht) nehmen
3. ☐ das Thema nennen und sagen, dass man es nun erörtern möchte
4. ☐ das Thema als uninteressant verwerfen und ein anderes Thema vorschlagen
5. ☐ eine allgemeine Feststellung treffen
6. ☐ ein Zitat voranstellen, das mit dem Thema der Erörterung zu tun hat
7. ☐ einen Begriff definieren
8. ☐ eine rhetorische Frage stellen
9. ☐ darauf hinweisen, dass man sich vor kurzem über dieses Thema Gedanken gemacht hat

Tipp

Die Einleitung Ihres schriftlichen Referats hat verschiedene Funktionen. Die wichtigsten sind: Sie stellt das Thema vor und sollte neugierig auf den Aufsatz machen. Aufgepasst: Nehmen Sie keine Argumente der Erörterung vorweg.

c Wie könnten Sie das Thema „Ein Freiwilliges Soziales Jahr im Ausland absolvieren – ja oder nein?" anders einleiten? Schreiben Sie eine Einleitung zu diesem Thema (max. 3 Sätze.) Wählen Sie eine der Möglichkeiten aus Aufgabe 3b.

4 Überleitungen

a Welcher Textausschnitt gehört zu welcher Überleitung? Ordnen Sie zu.

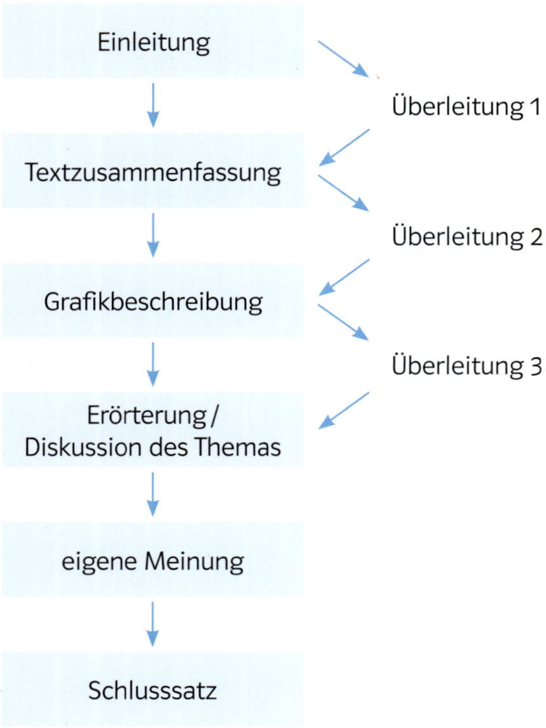

A Mit diesem Thema beschäftigt sich der Text mit dem Titel …, der von … im Jahr … veröffentlicht wurde.

S Sehr interessant zu diesem Thema ist der Blick auf die vorliegenden Grafiken, die den gemeinsamen Titel … tragen und von … im Jahr … veröffentlicht wurden.

E Nachdem nun einige Fakten zum Thema mithilfe des Textes und der Grafik dargestellt wurden, kann genauer auf die Frage eingegangen werden, welche Vorteile und Nachteile ein Freiwilliges Soziales Jahr im Ausland hat.

b Ordnen Sie die Redemittel aus dem Schüttelkasten der Tabelle zu.

A Beide, sowohl Text als auch Grafik, haben wichtige Informationen geliefert. Nun sollen Pro und Contra dargestellt werden. | **B** Sehr aufschlussreich in diesem Zusammenhang ist der Blick auf die Grafik, die sich mit … beschäftigt und vom … veröffentlicht wurde. | **C** Denkanstöße zu diesem Thema liefert der Text, der … | **D** Wichtige Informationen zu dem genannten Thema liefert die vorliegende Grafik. Hier wird gezeigt, wie … | **E** Wichtige Informationen zu diesem Thema liefert der folgende Text, der den Titel … trägt und von … im Jahre … veröffentlicht wurde. | **F** Um wieder die Frage aufzugreifen, was für oder gegen … spricht, sind folgende Argumente zu nennen: …

Überleitung zur Textwiedergabe	Überleitung zur Grafikbeschreibung	Überleitung zur Erörterung

c Welche Redemittel können Sie für die eigene Meinung und den Schlusssatz benutzen? Schreiben Sie sie in die Tabelle.

eigene Meinung	Schlusssatz

Tipp

Achten Sie auf den Unterschied zwischen Schriftsprache und gesprochener Sprache. Formulieren Sie beim Schreiben nicht zu einfach. Legen Sie sich eine Liste mit Formulierungen für Überleitungen an.

5 Eine vollständige Erörterung schreiben

a Schreiben Sie jetzt zum Thema „Ein Freiwilliges Soziales Jahr absolvieren – ja oder nein?“ eine eigene schriftliche Erörterung. Bearbeiten Sie in Ihrem Text die folgenden drei Punkte:

- Arbeiten Sie wichtige Aussagen aus Text und Grafik heraus.
- Was spricht für das Absolvieren eines FSJ? Was spricht dagegen?
- Wie ist Ihr Standpunkt zu diesem Thema? Begründen Sie Ihre Meinung.

b Achten Sie auf die Zeit: Wie lange brauchen Sie, um Ihren Text zu schreiben?

Chance und Herausforderung – Das Freiwillige Soziale Jahr

Wenn man noch nicht genau weiß, was man nach der Schule machen soll – studieren oder einen Beruf lernen – kann das Freiwillige Soziale Jahr (FSJ) eine gute Orientierung sein. Man erhält Einblick in soziale Berufe, man kann die Eignung für einen Beruf testen oder auch nur die Wartezeit auf einen Studienplatz sinnvoll überbrücken. In einer am Gemeinwohl orientierten Einrichtung (Altenpflegeheim, einer ökologischen Organisation, Hilfsorganisation usw.) kann man sich sechs bis achtzehn Monate weiterbilden und Erfahrungen sammeln. Das FSJ kann in Deutschland oder im Ausland durchgeführt werden. „Man schreibt eine Bewerbung an die Hauptorganisation einer Einrichtung, an der man gern arbeiten möchte. Hat diese Interesse, wird man zu einem Bewerbungsgespräch eingeladen. Das ist schon eine erste gute Erfahrung“, meint Cornelia Schuster, die ein FSJ in Köln gemacht hat. In dieser Zeit arbeiten die Jugendlichen unter fachmännischer Anleitung in der Regel Vollzeit, d. h. bis zu 39 Stunden pro Woche. Die Umstellung von der Schule in einen „Berufsalltag“ ist nicht einfach und wenn man im Ausland ist, dann kommt auch Heimweh dazu. Die Arbeit wird mit einem Taschengeld vergütet. Das kann rund 350 € betragen. Außerdem werden im Rahmen eines FSJ auch Bildungsseminare angeboten. Diese ermöglichen es, sich unter pädagogischer Anleitung mit anderen über die Arbeit auszutauschen. „Es macht Spaß, es ist eine interessante Lebenserfahrung und man hat das erste Mal im Leben auch für etwas Verantwortung“, sagt Cornelia.

Das FSJ wird von den meisten Jugendlichen als eine gute Erfahrung eingeschätzt. Neben den bereits genannten Punkten sieht ein FSJ im Lebenslauf gut aus und wird von zukünftigen Arbeitgebern meist positiv bewertet.

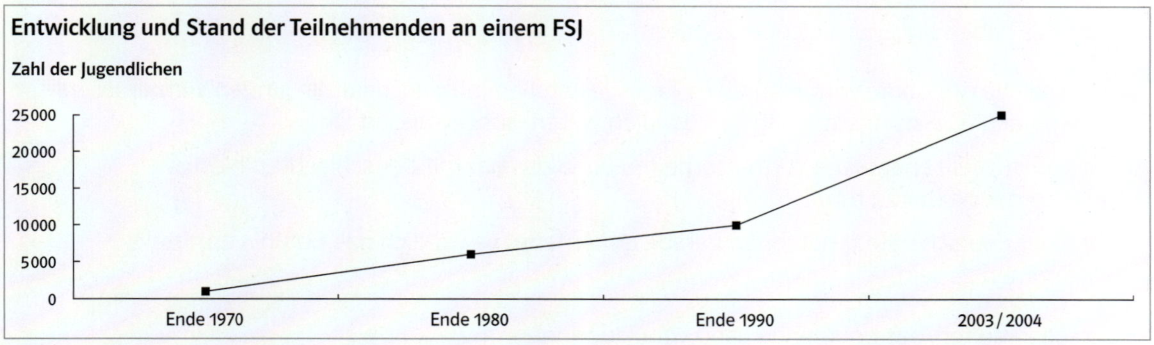

Quelle: Bundesministerium für Familie, Senioren, Frauen und Jugend 2006

Checkliste
- Arbeiten Sie alle neun „Bausteine“ ab.
- Schreiben Sie eine Einleitung, formulieren Sie Überleitungen zwischen den einzelnen Textteilen.

c Vergleichen und besprechen Sie Ihre Texte mit Ihrer Nachbarin / Ihrem Nachbarn:

- Was ist Ihnen gelungen?
- Sind alle Textbausteine enthalten?
- Was macht Ihnen noch Schwierigkeiten?

…

Training Leseverstehen

▶ Das Leseverstehen 3 wiederholen

1 Wissen Sie es noch, was Sie im dritten Teil des Leseverstehens machen sollen? Der folgende Satz verrät es Ihnen, wenn Sie ihn korrekt zusammensetzen. ▶ Kapitel 3

sollen | Sie | schließen, | fünf Lücken eines Textes | Im Prüfungsteil Leseverstehen 3 | wofür | haben | zur Auswahl | Sie | sieben Sätze.

____

____

2 Die Aufgabe lösen

a Überfliegen Sie zunächst den Text unten. Welches Thema hat der Text?

____

b Lesen Sie nun den ersten Abschnitt. Markieren Sie wichtige Stellen vor und nach der Lücke.

c Lesen Sie jetzt nacheinander die Sätze in der Satzliste. Unterstreichen Sie beim Lesen Signalwörter. Wenn Sie glauben, der Satz könnte in die Lücke passen, dann tragen Sie den Buchstaben des Satzes ein.

d Lesen Sie nun den restlichen Text und suchen Sie die passenden Sätze aus der Liste heraus. Zwei Sätze bleiben übrig.

Z	Aber ist es wirklich so gut bestellt um die Integration der zweiten Generation der Vertragsarbeiter aus Fernost?
A	Das sind Fächer, deren Absolventen in Vietnam gebraucht werden.
B	Die Biografie dieser Kinder beweist, was Bildungsehrgeiz vermag.
C	Aber das haben die Eltern nicht akzeptiert.
D	Ohne solche Angebote wird man eines Tages feststellen müssen, dass die jungen Vietnamesen, die einmal die Leistungsträger in den Schulen waren, ausgewandert sind.
E	Das wollen viele ehemalige Vertragsarbeiter – und das hat mit der schlechten hiesigen Willkommenskultur zu tun.
F	Denn der deutsche Staat hat ihnen gerade am Anfang nie wirklich das Gefühl vermittelt, willkommen zu sein.
G	Sie sollen helfen, das boomende Land voranzubringen.
H	Diese Studienfächer sind in der Bundesrepublik attraktiv.

Exodus der Musterschüler

Die Kinder vietnamesischer Vertragsarbeiter[1] gelten als Vorbilder der Integration. Doch viele von ihnen wandern aus.

Sie machen häufig Abitur und gehören zu den Klassenbesten. Ihre Eltern haben meist nur eine einfache Ausbildung, oft Sprachprobleme und stehen 14 Stunden im Gemüseladen. Doch gelten die Kinder der vietnamesischen Einwanderer als Musterschüler der Integration. ______ Z ______

1 Vertragsarbeiter: Als Vertragsarbeiter wurden Arbeitnehmer/innen und Auszubildende bezeichnet, die ab den 60er-Jahren für die Arbeit in der DDR angeworben wurden. Sie sollten 2–6 Jahre bleiben und dann mit der erworbenen Qualifikation in ihre Heimatländer zurückkehren. Die meisten der Vertragsarbeiter kamen aus Vietman, aber auch aus Mosambique, Angola und Kuba. Nach der Wende konnten einige von ihnen im wiedervereinigten Deutschland bleiben.

Könnte es nicht sein, dass der Bildungshunger ihrer hier geborenen Kinder einen ganz anderen Grund hat als die dauerhafte Integration in die bundesrepublikanische Gesellschaft?
Die ältesten Vertreter der im vereinten Deutschland geborenen zweiten Generation sind heute meist erst 20 Jahre alt. Doch es gibt Indizien, dass viele vietnamesische Jugendliche ihre Zukunft nicht etwa hier, sondern in der boomenden vietnamesischen Wirtschaft sehen. Ein Beispiel sei die Studienplatzwahl, so Dietrich Lederer, Geschäftsführer des Kulturvereins im Berliner Bezirk Lichtenberg. Ihm falle schon lange auf, dass sich die zweite Generation auf ganz bestimmte Studiengänge konzentriere – nämlich Wirtschaft, Medizin, Pharmazie, Informatik und Ingenieurberufe. (1) ______________________________ Die Bundesrepublik sucht dagegen dringend Lehrer, Sozialarbeiter und Polizisten mit Migrationshintergrund. Doch unter vietnamesischen Schülern finden sich keine Bewerber.
Hien Nguyen studiert im dritten Semester Betriebswirtschaft. Ihr Wunschfach war das nicht: „Ich wollte Psychologin werden.“ (2) ______________________________ Mit dem Hochschulabschluss „Betriebswirtin“ soll sie sich in Vietnam einen Job suchen und heiraten. Später soll sie ihre Eltern nachholen, die in Deutschland einen Laden betreiben. „Sie haben einfach den Wunsch“, sagt die Studentin, „ihr Alter in Vietnam zu verbringen.“ (3) ______________________________ Die Folge: Die erste Generation sah Deutschland als Land an, in dem man vorübergehend Geld verdiente, nicht als Heimat. Von ihren Einkommen bauten sich die Migranten in Vietnam Häuser, für ihre Eltern und „die Zeit danach“. Diese Einstellung geben viele an ihre Kinder weiter, manche von diesen übernehmen sie widerspruchslos.
Die Regierung in Hanoi wirbt übrigens ganz offen für die Rückkehr qualifizierter vietnamesischer Auswanderer und ihrer Kinder. (4) ______________________________ Der Staat Vietnam investiert z. B. Geld in einen Fernsehkanal, der eigens für die 3,5 Millionen Auslandsvietnamesen konzipiert ist oder unterstützt zwecks Stärkung der Heimatbindung vietnamesische Vereine in Deutschland.
Vietnam, auf dem Weg vom Entwicklungs- zum Schwellenland, hat jedes Recht der Welt, im Ausland um die besten Köpfe zu werben – insbesondere um Menschen mit vietnamesischen Wurzeln. Problematisch wird das nur, wenn der Bundesrepublik, in der viel über Fachkräftemangel geklagt wird, die „Musterschüler der Integration“ keine besonderen Bemühungen wert sind.
In Berlin-Lichtenberg gab es einmal ein Projekt für vietnamesische Grundschüler. Sozialpädagogen trafen sich mit ihnen jeden Samstag und in den Ferien und erkundeten ihre alltägliche Umgebung, gaben ihnen das Gefühl, ein Teil des Bezirks zu sein. Man besuchte gemeinsam den Tierpark und feierte Fasching, während die Eltern arbeiteten. Vor wenigen Monaten wurde das Projekt eingestellt – die Kinder waren dem Grundschulalter entwachsen (5) ______________________________
Das wäre ein großer Verlust für Deutschland.

e Vergleichen Sie Ihre Ergebnisse im Plenum. Vergleichen Sie auch, warum Sie sich für Ihre Lösung entschieden haben. Wenn Ihre Lösung falsch ist, überlegen Sie warum.

Mögliche Fehlerquellen:

- Wortschatzfehler
- Synonym nicht erkannt
- Pronomen übersehen
- Satzbeziehungen nicht verstanden (kausal, konsekutiv usw.)
- ganzen Satz nicht verstanden
- …

Wortschatztraining

1 Verben der Bewegung

a Welche Verben drücken eine Bewegung aus? Notieren Sie in einer Minute so viele Verben wie möglich.

b Welche Präfixe passen zum Verb *-wandern*? Schlagen Sie die Bedeutung im Wörterbuch nach.

ein- | aus- | ab- | mit- | vor- | weg- | zu- | zurück- | vorbei- | nach-

wandern

c Welche Präfixe passen zu Ihren Bewegungsverben aus 1a? Ändert sich die Bedeutung durch das Präfix?

d Lesen Sie die Sätze. Welche Bedeutung hat das Wort „(-)wandern"? Wählen Sie eine synonymische Bedeutung für das Wort „(-)wandern" aus.

verlassen | fliegen | ziehen | sind in den Bergen gelaufen | den Ort wechseln | sind gekommen

A Die Nomaden aus der Mongolei wandern mit ihren Viehherden.

___

B Wir sind gestern gewandert. Die Wanderung war ganz schön anstrengend.

___

C Die Zugvögel wandern über die kalte Jahreszeit in wärmere Regionen.

___

D Manche Leute wandern wegen verschiedenen Problemen aus ihrem Heimatland aus.

___

E Die Gnus in Afrika wandern in einem bestimmten Jahresrhythmus durch die Serengeti.

___

F Nach den 50-er Jahren sind verschiedene Gruppen von Ausländern nach Deutschland eingewandert.

___

e Kreuzen Sie an: In welchen Sätzen tragen die Verben nicht die Bedeutung einer Bewegung in sich? Erklären Sie die Bedeutung dieser Verben in einem Satz.

- ☐ 1. Wie läuft es denn mit deiner Arbeit?
- ☐ 2. Hat dir der Film gefallen?
- ☐ 3. Geht es deinem Kollegen wieder besser?
- ☐ 4. Wohin fließt die Donau?
- ☐ 5. Die neuen Nachbarn sind heute eingezogen.
- ☐ 6. Peter läuft am Wochenende einen Marathon.
- ☐ 7. Ziehst du dich bitte noch einmal um?
- ☐ 8. Der Film hat mich sehr bewegt.
- ☐ 9. Paula ist gestern auf der Straße hingefallen.
- ☐ 10. Mach bitte das Fenster zu, es zieht!

Tipp

Durch das Voransetzen einer Vorsilbe wird die Bedeutung des Basisverbs verändert. Aber Achtung: Manchmal kann sich die Grundbedeutung des Basisverbs und damit auch das semantische Feld ändern (z. B. hören ≠ aufhören). Wenn Sie nicht sicher sind, sollten Sie die Bedeutung solcher Verben immer mit dem Wörterbuch überprüfen.

Training Hörverstehen

▶ Das Hörverstehen 1 wiederholen ▶ Kapitel 4

1 Kreuzen Sie an: Was müssen Sie beim Hörverstehen Teil 1 beachten?

1. Ich höre ein Interview.	☐ Ja	☐ Nein
2. Ich höre das Interview zweimal.	☐ Ja	☐ Nein
3. Insgesamt gibt es 8 Aufgaben.	☐ Ja	☐ Nein
4. Ich muss die richtige von drei Antworten ankreuzen.	☐ Ja	☐ Nein

2 Ein Schuljahr in den USA

20–22

Sie hören nun den Erfahrungsbericht des ehemaligen Austauschschülers Jochen Schmidt. Kreuzen Sie während des Hörens die richtige Antwort an.

1. Herr Schmidt rät anderen, erst nach der elften Klasse ein Schuljahr in den USA zu absolvieren, weil man

A ☐ dort als Senior besser angesehen ist.
B ☐ mit 18 Jahren mehr Rechte hat.
C ☐ dann keine Angst hat, ein Jahr zu verlieren.

2. Er wollte ein Jahr in den USA verbringen, um

A ☐ seinem Interesse für Fremdsprachen nachzugehen.
B ☐ amerikanische Sprachstudien zu betreiben.
C ☐ eine neue Kultur kennenzulernen.

3. Vor seiner Bewerbung

A ☐ informierte er sich über die zuständigen Organisationen.
B ☐ verschickte er viele Bewerbungsschreiben.
C ☐ bereitete er sich auf das Bewerbungsgespräch vor.

4. Die Vorbereitung auf die Reise

A ☐ war rein theoretisch.
B ☐ wurde durch die Organisation unterstützt.
C ☐ traf er alleine.

5. In den USA

A ☐ hatte er am Anfang Sehnsucht nach seiner Familie.
B ☐ kam es in seiner neuen Familie oft zu Konflikten.
C ☐ hatte er eine wenig liberale Familie.

6. In der amerikanischen Schule

A ☐ waren Austauschschüler wie er eine Seltenheit.
B ☐ überwand er mit der Zeit einige Probleme.
C ☐ müssen die Schüler sehr schnell lesen.

7. Er findet, dass

A ☐ die amerikanischen Lehrer und Schüler mehr Enthusiasmus haben.
B ☐ das amerikanische Schulsystem einwandfrei ist.
C ☐ die Amerikaner gründlicher ausgebildet sind als die Deutschen.

8. Nach dem Aufenthalt in den USA

A ☐ konnte er seine Freunde nicht wiedererkennen.
B ☐ war er selbstbewusster und kritischer geworden.
C ☐ kam er in Deutschland problemlos zurecht.

Portfolio 7: Arbeit mit Texten

Wenn Sie für Ihre Projektarbeit Texte gefunden haben, dann sollten Sie diese in drei Schritten bearbeiten.

1 Texte lesen und markieren

a Welche Tipps zum Markieren sind sinnvoll, welche nicht? Diskutieren Sie in der Klasse.

1. Texte lesen und markieren

↓

2. wichtige Sachen exzerpieren

↓

3. zusammenfassen

- ☐ Text lesen und sofort Wörter markieren
- ☐ Text zuerst ganz lesen, dann markieren
- ☐ Schlüsselwörter markieren
- ☐ ganze Sätze markieren
- ☐ bei allen Texten gleich markieren
- ☐ viele Farben verwenden
- ☐ wenige Farben, nicht zuviel markieren
- ☐ Notizen am Rand machen
- ☐ Symbole verwenden

b Wählen Sie jetzt einen Text aus den Materialien, die Sie für Ihr Thema gesammelt haben. Markieren Sie ihn nach den oben genannten Tipps. Setzen Sie sich in 3er Gruppen zusammen und erklären sich gegenseitig Ihre Markierungen.

2 Exzerpieren

Der Schüttelsatz beschreibt, was man beim Exzerpieren tut. Bringen Sie die Wörter in die richtige Reihenfolge und ergänzen Sie den Satz im Tipp unten.

wichtige Textelemente | schreibt man | wörtlich oder sprachlich leicht abgewandelt | aus einem Text heraus | Beim Exzerpieren

Tipp

____

Diese Technik hilft Ihnen z. B., wenn Sie den Inhalt eines Aufsatzes referieren, die Meinung eines Autors angeben oder wenn Ihnen Dokumente zur Verfügung stehen, die Sie weder kopieren noch markieren können.

3 Zusammenfassung und Auswertung eines Textes

Lesen Sie die Erläuterungen zu den Arbeitsschritten in der rechten Spalte und ordnen Sie diese den Schritten zu.

1	Den Text ein erstes Mal überfliegen	A	Ich folge dem Aufbau des Textes und stelle mithilfe meiner Fragen an den Text einen strukturierten und logischen Zusammenhang her.
2	Die Relevanz für das eigene Thema prüfen	B	Ich fasse in eigenen Worten die Informationen des Textes zusammen. Wörtliche Zitate werden gekennzeichnet.
3	Am Text arbeiten	C	Ich verschaffe mir einen Überblick, achte auf Titel, Zwischenüberschriften etc.
4	Die Zusammenfassung gliedern	D	Ich stelle fest, inwieweit der Text meine Fragen beantwortet hat, ob er neue Aspekte bringt und bewerte die Aussagen.
5	Eine Textzusammenfassung schreiben	E	Ich lese den Text, füge Randbemerkungen an und markiere Schlüsselwörter und -sätze, die sich auf meine Fragen beziehen.
6	Ein Resümee ziehen	F	Ich formuliere Fragen an den Text, die sich auf mein Thema konzentrieren.

Lösung: 1C, ____

Selbstevaluation

Ich habe gemacht ...		Ich bin zufrieden ...		
	✓	☺	😐	☹
Wortschatz				
Mündliche Kommunikation				
Schriftliche Kommunikation				
Leseverstehen				
Wortschatz				
Hörverstehen				
Projekt				

Meine Wortliste zum Thema „Mobilität“:

Sehen Sie sich noch einmal das Kapitel an und notieren Sie hier wichtige Wörter. Ergänzen Sie dann Ihre Notizen um Wörter, die Sie außerdem brauchen.

Wichtige Redemittel

Meine Lieblingswörter

8 Globalisierung

Wortschatztraining

1 Lesen Sie den Text und zeichnen Sie den Weg der Jeans in die Weltkarte ein.
Wie zeigt sich das Phänomen „Globalisierung“ an diesem Beispiel?

Der Weg einer Jeans

Die Baumwolle kommt aus Kasachstan oder Indien. Diese wird in der Türkei zu Garn gesponnen und in Taiwan zu einem Stoff gewebt. In Frankreich wird dieser Stoff mit chinesischen Farbstoffen gefärbt, um dann in Honduras, unter Verwendung britischer Kurzwaren, zu einer Jeans genäht zu werden. Die Endverarbeitung der Jeans findet in Griechenland statt. Verkauft und getragen wird sie in Deutschland. Die gebrauchte Jeans landet im Altkleidercontainer und wandert von dort nach Rotterdam. Mit Schiff und LKW wird sie nach Afrika gebracht. Noch einmal verkauft und getragen wird sie in Ghana. Und so kann der Weg einer Jeans um die Welt heute tatsächlich 19 000 km betragen.

2 Ergänzen Sie die Mindmap. Vergleichen Sie Ihre Ergänzungen anschließend im Kurs.

Training Hörverstehen

▶ Das Hörverstehen 1 trainieren ▶ Kapitel 4, 7

1 Essen muss uns teuer sein

a Hören Sie das Interview. Wählen Sie beim Hören die richtige Ergänzung und kreuzen Sie diese an.

Tipp

Wenn Sie eine Information überhört haben, überlegen Sie nicht lange. Richten Sie Ihre Aufmerksamkeit auf die nächste Aufgabe.

1. Im Buch von Trummer geht es um
   - A ☐ Korruption in der Lebensmittelbranche.
   - B ☐ die Produktion von Lebensmitteln.
   - C ☐ eine weltweit bekannte Pizzamarke.
2. Fertigprodukte
   - A ☐ können zu Übergewicht führen.
   - B ☐ enthalten die nötigen Grundzutaten.
   - C ☐ sind empfehlenswert.
3. Viele Menschen essen Fertignahrung, weil
   - A ☐ sie frisches Obst und Gemüse nicht mögen.
   - B ☐ Fertigprodukte billig sind.
   - C ☐ die Politik deren Herstellung fördert.
4. Der Preisdruck in der Lebensmittelbranche bewirkt, dass
   - A ☐ die Menschen immer mehr Lebensmittel einkaufen.
   - B ☐ die Supermärkte den Herstellern ihre Waren zurückgeben.
   - C ☐ die Lebensmittelhersteller immer billiger produzieren müssen.
5. Die Kunden sollten … kaufen.
   - A ☐ möglichst billig
   - B ☐ optimale Qualität
   - C ☐ bewusst und klug
6. Eine Pizzafabrik
   - A ☐ ist einer Autofabrik ähnlich.
   - B ☐ unterscheidet sich wesentlich von einer Autofabrik.
   - C ☐ benötigt eine Menge Arbeiter.
7. Niedrige Preise bei Obst und Gemüse
   - A ☐ sind oft eine Konsequenz der Ausbeutung der Erntehelfer.
   - B ☐ führten zu einem Aufstand der Erntehelfer.
   - C ☐ schrecken die Konkurrenz ab.
8. In den Wohlstandsländern
   - A ☐ isst man zu wenig Kartoffeln.
   - B ☐ sollte man das Essen mehr achten.
   - C ☐ sammeln Leute zehn Prozent ihres Essens für Arme.

b Überprüfen Sie nun Ihre Lösungen. Welche Tipps können Sie sich gegenseitig für die Lösungsfindung geben?

Training Leseverstehen

▶ Das Leseverstehen 4 wiederholen

1 Kreuzen Sie an. Was müssen Sie in der vierten Aufgabe des Leseverstehens tun? ▶ Kapitel 4

1. Beim Leseverstehen Teil 4 sollen Sie

   A ☐ einen Text lesen und diesen dann zusammenfassen.
   B ☐ Textlücken schließen und eine Textzusammenfassung schreiben.
   C ☐ Aussagen oder Antworten zu einem Text auf Richtigkeit prüfen.

2. Was müssen Sie zuerst machen, um die Aufgaben zu lösen?

   A ☐ gezielt nach der Textstelle suchen, die zur Antwort führt
   B ☐ alle Aufgaben gründlich lesen
   C ☐ den Text einmal gründlich durchlesen und dann die Aufgaben lösen

3. Wie heißen die Wörter, die Ihnen helfen, die passende Textstelle zu finden und die richtige Entscheidung zu treffen?

   A ☐ Stichwörter
   B ☐ Schlagwörter
   C ☐ Signalwörter

4. Die Aufgaben …

   A ☐ werden immer schwieriger.
   B ☐ folgen dem Textverlauf.
   C ☐ folgen nicht dem Text.

5. Wie viele Aufgaben müssen Sie lösen?

   A ☐ 10
   B ☐ 7
   C ☐ 5

2 Den Text überfliegen und Vorwissen aktivieren

Überfliegen Sie den Text unten. Erklären Sie sich gegenseitig kurz, worum es im Text geht.

Ein Kleidungsstück als Hauptdarsteller

Wolfgang Korn: „Die Weltreise einer Fleece-Weste", Verlag Bloomsbury 2008, 168 Seiten; Rezensiert von Sylvia Schwab

Das Lieblingskleidungsstück von Wolfgang Korn soll Kindern und Jugendlichen die Globalisierung erklären: Wolfgang Korn beschreibt in „Die Weltreise einer Fleeceweste" jeden Schritt des Herstellungs- und Transportprozesses. So ist ein spannendes Sachbuch gelungen, das Information und Fantasie, Fakten und Fiktion geschickt miteinander verbindet. Es ist keine klassische Reportage, sondern eine „kleine Geschichte über die große Globalisierung".

Wolfgang Korns Ziel ist es, Jugendlichen die Globalisierung so anschaulich wie möglich zu erklären. Zum Hauptdarsteller macht er darum ein typisches Produkt der Globalisierung: ein Kleidungsstück – seine eigene, geliebte rote Fleece-Weste.

In zehn Kapiteln erzählt er ihr „Leben", von der „Geburt" – der Förderung des Rohöls im Persischen Golf –, über ihre Herstellung in Bangladesch und ihre Vermarktung und Entsorgung in Deutschland bis hin zu ihrem Wiederauftauchen im Senegal – aus einer Kleiderspende.

Am ganz konkreten Beispiel zeigt Wolfgang Korn, wie Globalisierung funktioniert: als weltweiter Austausch von Geld, Waren, Informationen und auch Menschen. Diese Informationsflut überfordert den Leser aber nicht, denn Korn erklärt nicht trocken, vielmehr erzählt er sehr lebendig und farbig von den jeweiligen Lebensbedingungen vor Ort.

Wir begleiten den Sohn des reichen Ölhändlers in Dubai zum Eishockey-Training, beobachten die bitterarme Näherin in Bangladesch bei der Arbeit, schippern auf einem Öltanker und einem Containerschiff über die

Meere, erleben den kargen Alltag der Marktfrau in Afrika und die dramatische Flucht eines Senegalesen in einem Boot auf die Kanarischen Inseln. Diese Geschichten in der Geschichte sind ebenso authentisch wie bewegend.

Wolfgang Korn will nicht belehren, sondern informieren. Er verurteilt die Globalisierung nicht, sondern entmythologisiert sie und zeigt sehr differenziert ihre Auswirkungen auf. Gerade diese sachlich-neutrale Haltung überzeugt und macht nachdenklich. Denn es wird klar, dass die Chancen auf der Erde sehr ungleich verteilt sind und Globalisierung auch bedeutet, dass wir Mitverantwortung übernehmen müssen – für alle Menschen und ihre Lebensbedingungen.

3 Die Aufgaben lösen

a Lesen Sie die Checkliste und folgen Sie beim Lösen der Aufgabe 1 und 2 den Arbeitsschritten.

Checkliste

1. Lesen Sie die Aufgaben 1 und 2.
2. Unterstreichen Sie Signalwörter und prüfen Sie: Worin unterscheiden sich jeweils die Antworten A, B und C?
3. Suchen Sie dann im Text, wo Sie die Antwort für Aufgabe 1 finden und wo die Antwort für Aufgabe 2 beginnt.
4. Entscheiden Sie sich für eine Antwort: A, B oder C.

1. Wolfgang Korn beschreibt

A ☐ jeden Schritt, den er mit seiner Lieblingsweste unternommen hat.
B ☐ alles, was mit der Weste passiert ist, nachdem er sie weggegeben hat.
C ☐ alle Stationen, die die Weste von der Produktion an durchlaufen hat.

2. Der Autor möchte erreichen, dass

A ☐ die Jugendlichen umfassende Kenntnisse über die Globalisierung bekommen.
B ☐ die jungen Menschen anhand einer Weste verstehen, was Globalisierung bedeutet.
C ☐ die Jugendlichen anschaulich über die Erlebnisse seiner Lieblingsweste informiert werden.

Tipp

Lesen Sie zwei Aufgaben parallel. Achten Sie auf Signalwörter. Kennzeichnen Sie die entsprechenden Stellen im Text und schreiben Sie die Nummer der Aufgabe an den Rand. Damit erleichtern Sie sich das Lesen und haben eine bessere Orientierung im Text.

b Lösen Sie die Aufgaben 3 und 4 nach dem gleichen Muster.

3. Wie funktioniert Globalisierung für den Autor?

A ☐ durch den weltweiten Transfer von Produkten, Personen, Nachrichten und Geld
B ☐ durch den weltweiten Informationsaustausch über die jeweiligen Lebensbedingungen
C ☐ durch den weltweiten, lebendigen Austausch von Information unter den Menschen

4. Wie sieht Wolfgang Korn die Globalisierung?

A ☐ Der Autor verurteilt die globalen Entwicklungen.
B ☐ Er steht der Globalisierung sachlich und neutral gegenüber.
C ☐ Er erkennt positive Auswirkungen dieser Entwicklung.

c Lesen und lösen Sie jetzt die letzte Aufgabe zum Text.

5. Die Rezensentin beurteilt das Buch

A ☐ durchweg positiv.
B ☐ als nicht geeignet für Jugendliche.
C ☐ als zu kompliziert.

Info

Die letzte Aufgabe prüft Ihr Gesamtverständnis des Textes und bezieht sich nicht konkret auf eine Textstelle.

4 Eigene Aufgaben für das Leseverstehen Teil 4 entwickeln

a Bilden Sie fünf Gruppen. Jede Gruppe erstellt zu einem Abschnitt des Textes eine Multiple-Choice-Aufgabe mit drei Antwortmöglichkeiten A, B und C.

Globalisierung geht durch den Magen

In allen Kulturen und Gesellschaften ist Essen mehr als die biologisch notwendige Aufnahme von Nährstoffen. Es definiert Gruppenzugehörigkeit und Status. Die Auswahl der Nahrungsmittel, die Art ihrer Zubereitung und die Regeln, wie sie verspeist werden, sind Ausdruck kultureller und sozialer Identität. Mahlzeiten spiegeln familiäre und gesellschaftliche Beziehungen sowie Lebensstile wider.

Die Änderung von Ernährungsgewohnheiten in vielen Ländern ist nicht nur eine Folge wachsenden Wohlstands, sondern zugleich Ausdruck von kulturellem Wandel und von sozialen Veränderungen. Sowohl Veränderungen der Arbeits- und Lebensbedingungen als auch Innovationen sowie der Austausch mit anderen Völkern und Kulturen haben schon immer dazu geführt, dass sich die Auswahl, die Zubereitung und der Verzehr von Nahrungsmitteln verändert haben. Diese Entwicklungen folgen heute ähnlichen Mustern, aber sie verlaufen heute schneller als früher.

Schon kleine Veränderungen der individuellen Essgewohnheiten können erhebliche Folgen für die Lebensmittelwirtschaft haben. Ein gutes Beispiel dafür ist Indien.

Noch sind die meisten Inder Vegetarier, der Fleischkonsum liegt landesweit nur bei gut fünf Kilogramm pro Kopf und Jahr. In Deutschland ist er zwölfmal so hoch. Aber wenn der individuelle Konsum nur ein klein wenig steigt, dann sind das bei einer Gesamtbevölkerungszahl von über einer Milliarde am Ende sehr große Mengen.

Die Globalisierung macht Nahrungsmittel weltweit verfügbar. So möchten nicht nur internationale Supermarktketten wie Wal Mart, Carrefour und Metro Hunderte Milliarden Euro auf dem indischen Lebensmittelmarkt verdienen, sondern auch einheimische Ketten erhoffen gute Geschäfte und bieten Produkte aus aller Welt an.

Davon sind nicht alle begeistert. Die geschätzten 12 bis 15 Millionen Kleinhändler in Indien wollen nicht widerstandslos hinnehmen, dass sie von Supermarktketten aus dem Geschäft gedrängt werden. Auch viele Kunden stößt die neue globalisierte Einkaufs- und Esskultur ab. Sie bevorzugen den Gemüsehändler von nebenan, der sich durch gute Qualität seiner Waren sowie faire, weil verhandelbare Preise und das persönliche Verhältnis zu seiner Kundschaft auszeichnet.

600 Millionen Inder haben allerdings gar keine Wahl, sich zwischen globalisierten und heimischen Lebensmittelangeboten zu entscheiden. Sie können sich kaum die staatlich subventionierten Lebensmittel leisten und die Chancen, sich jemals ihr Essen aussuchen zu können, stehen für die meisten von ihnen schlecht.

Tipp

Teilen Sie den Text in Abschnitte auf. Suchen Sie sich dann eine Information aus, die Sie bearbeiten möchten. Nutzen Sie bei den Antworten A, B, C synonyme Umschreibungen oder antonymische Formulierungen. Verwenden Sie z. B. ein Wort aus dem Text, aber in einem anderen Zusammenhang. Achten Sie darauf, dass die drei Antwortmöglichkeiten ungefähr gleich lang sind.

b Schreiben Sie alle Aufgaben an die Tafel. Lösen Sie diese dann in Einzelarbeit.

c Besprechen Sie anschließend die Lösungen in der Klasse.

Training Mündliche Kommunikation

▶ Das Kriterium „Inhalt" im Prüfungsgespräch

1 Welche Erfahrungen haben Sie persönlich mit der Globalisierung gemacht?

Ich trage amerikanische Jeans. Eine ähnliche Jeans hat meine Freundin in Berlin.

Mein Onkel ist nach dem Studium ausgewandert. Er arbeitet jetzt schon seit 5 Jahren in Irland.

2 Das Bewertungskriterium „Inhalt"

Info

In der mündlichen Prüfung bewerten die Prüfer, wie Sie die Aufgabenstellung umsetzen. Dazu gehört, welches Material Sie zur Veranschaulichung benutzen und wie Sie damit umgehen. Dazu gehört aber auch, welche Inhalte Ihr Vortrag hat.

a Lesen Sie diese Bewertungskriterien und überlegen Sie: Welche Kriterien gehören zum Sprachniveau C1 und welche zu B2? Welche beiden Kriterien sind sogar unter B2?

Der Schüler trägt ein komplexes Thema gut strukturiert und klar vor.

Der eigene Standpunkt wird ausführlich dargestellt.

Die Komplexität des Themas wird im Vortrag nicht deutlich.

Das Thema wird aus verschiedenen Perspektiven erörtert und in einen komplexen Zusammenhang gestellt.

Der Schüler trägt ein komplexes Thema verständlich vor.

Die Erörterung des Themas wird durch relevante Details und Beispiele gestützt.

Bei der Erörterung fehlen wesentliche Punkte und relevante Details.

b Fassen Sie in eigenen Worten zusammen, was das Niveau C1 vom Niveau B2 unterscheidet.

3 Aspekte der Globalisierung

a Wählen Sie einen Aspekt aus der Tabelle aus. Erläutern Sie, was Sie darunter verstehen. Bereiten Sie einen dreiminütigen Vortrag dazu vor (Stichpunkte). Arbeiten Sie – wenn nötig – mit dem Wörterbuch.

Kommunikation „Vernetzte Welt"	1. Teilnahme an weltweiter Kommunikation 2. Vertiefung internationaler Kontakte und Beziehungen 3. mehr Wissen über die Welt	4. rasche Verbreitung von Informationen 5. Abbau von Vorurteilen 6. Entstehung einer Informationselite 7. Überflutung mit Informationen
Ökonomie „Weltbinnenmarkt"	8. Schaffung neuer Arbeitsplätze im Weltmaßstab 9. Verbilligung der Produktionskosten 10. Konkurrenz auf dem Weltmarkt	11. Verlust von Arbeitsplätzen in Regionen und Branchen 12. Soziale Unsicherheit 13. Umweltzerstörung
Gesellschaft „Die Welt als globales Dorf"	14. Demokratisierung 15. wachsendes Zusammengehörigkeitsgefühl („Eine Welt") 16. globale Handlungsmöglichkeiten gesellschaftlicher Gruppen	17. Verlust von Identität und Heimat 18. neuer Nationalismus als Gegenbewegung 19. starker Einfluss von multinationalen Konzernen auf politische Entscheidungen 20. Unkontrollierbarkeit

b Prüfen Sie bei Ihren Stichpunkten für den Vortrag, ob Sie alle Kriterien für C1 erfüllen.

c Bilden Sie Kleingruppen (3 Personen) und tragen Sie sich Ihre Kurzvorträge gegenseitig vor. Bewerten Sie den Vortrag mithilfe der Kriterien aus Aufgabe 2.

Training Schriftliche Kommunikation

▶ Komplexe Satzstrukturen benutzen, Schritt für Schritt schreiben

1 Relativsätze: Ergänzen Sie die Relativpronomen.

1. Die Autorin, die den Text geschrieben hat, heißt Sylvia Schwab.
2. Die Jeans, _______ schon Tausende Kilometer gereist ist, kostet in Deutschland nur 49 Euro.
3. Die Arbeit, _______ von Freunden erledigt wird, bleibt mir erspart.
4. Das Garn, _______ in Taiwan zu Stoff gewebt wird, wurde in Frankreich mit chinesischen Farben gefärbt.
5. Das Buch, _______ man Informationen über Berufe entnehmen kann, hat er ausgeliehen.
6. Die Fleeceweste, _______ Herstellungs- und Transportweg gezeigt wird, hat eine Weltreise hinter sich.

2 Partizipialkonstruktionen

a Lesen Sie die Beispielsätze und ergänzen Sie dann den Merksatz mit den Wörtern aus dem Kasten.

ein Zug, der ankommt = der ankommende Zug
Gewohnheiten, die sich ändern = die sich ändernden Gewohnheiten

Partizip I | umformulieren | Relativpronomen | dekliniert | Aktiv | vor

Tipp

Relativsätze, die ein Verb im __________ enthalten, kann man zu Partizipialkonstruktionen __________. Das __________ wird zum Attribut des Nomens und wird wie ein Adjektiv __________. Das __________ fällt weg. Alle anderen Informationen stehen zwischen dem Artikel und __________ dem Partizip I.

b Bilden Sie aus den Relativsätzen Partizipialkonstruktionen.

1. Die Globalisierung, die immer mehr unser Leben bestimmt, hat sich durch das Internet beschleunigt.
2. Menschen, die zur Arbeit pendeln, haben weniger Zeit für soziale Kontakte.
3. Lebensmittel, die aus fernen Ländern stammen, sind oft teuer.

c Lesen Sie die Beispielsätze und ergänzen Sie dann den Merksatz mit den Wörtern aus dem Kasten.

die Tiefkühlpizza, die gestern gekauft wurde = die gestern gekaufte Pizza
die Pizza, die in England produziert wird = die in England produzierte Pizza

Partizip II | umformulieren | Relativpronomen | dekliniert | Passiv | vor

Tipp

Relativsätze, die ein Verb im __________ enthalten, kann man zu Partizipialkonstruktionen __________. Dabei wird das __________ zum Attribut des Nomens und wird wie ein Adjektiv __________. Das __________ fällt weg. Alle anderen Informationen stehen zwischen dem Artikel und __________ dem Partizip II.

d Bilden Sie aus den Relativsätzen Partizipialkonstruktionen.

1. Viele Waren, die heute produziert werden, werden exportiert.
2. Die Arbeitszeitmodelle, die immer flexibler gestaltet werden, haben Vorteile für die Arbeitnehmer.
3. Freunde, die ins Ausland versetzt wurden, kann man leicht per Skype erreichen.
4. Partnerschaften, die durch lange Trennungen auf die Probe gestellt werden, halten selten.

Info

Sie sollen zeigen, dass Sie auch komplexere Grammatikkonstruktionen beherrschen. Dazu gehört u. a. auch die Formulierung von Partizipialkonstruktionen.

3 Eine Erörterung Schritt für Schritt schreiben

a Lesen Sie das Aufgabenblatt.

Schreiben Sie einen zusammenhängenden Text zum Thema „Familie in der Globalisierungsfalle".
Bearbeiten Sie in Ihrem Text die folgenden drei Punkte:

- Arbeiten Sie wichtige Aussagen aus dem Text und der Grafik „Familienformen in Deutschland" heraus.
- Erörtern Sie Vor- und Nachteile der Globalisierung für Familien. Welche Vorteile hat die Globalisierung, welche Nachteile bringt sie für Familien mit sich?
- Wie wichtig ist Ihnen Familie? Begründen Sie Ihre Meinung.

Familie in der Globalisierungsfalle

von Birgit Behringer

Heile Welt war gestern. Familie zu haben war früher selbstverständlich, heute ist sie globalisiert. Aber die Globalisierung stört das klassische Familienidyll. Sie ist der Grund, warum es immer mehr Singles und Kinderlose in Deutschland gibt, meint der Bamberger Soziologie-Professor Hans-Peter Blossfeld. Er stellte bei seinen Untersuchungen fest, dass sich die Globalisierung auf unsere beruflichen Lebensläufe und auf unsere privaten Entscheidungen auswirkt. Konkret heißt das: Lebenslange Partnerschaften fallen immer schwerer, weil der Arbeitsmarkt immer mehr Flexibilität verlangt, so Blossfeld. Der Soziologe ist aber auch überzeugt, dass sich gerade die traditionelle Familie in globalisierten Zeiten bewähren wird. Auch wenn jede vierte Familie nicht mehr ins traditionelle Schema passt, gehören Ehe und Kinder für 91 Prozent der 18- bis 44-Jährigen nach wie vor zusammen, so eine repräsentative Umfrage des Instituts für Demoskopie Allensbach.
Dabei bläst der jungen Generation zwischen 20 und 30 Jahren ein besonders kräftiger Wind vom Arbeitsmarkt entgegen. Niemals war der Berufseinstieg so schwierig wie heute, erklärt Dr. Blossfeld: „Man hangelt sich von Praktikum zu Praktikum und wartet auf die Chance auf einen festen Arbeitsplatz. Das sind keine guten Umstände, um zu heiraten und eine Familie zu gründen." Stattdessen gingen junge Paare losere Bindungen ein und scheuten Verpflichtungen; der Kinderwunsch werde auf später verschoben.
Doch ganz so schlecht sind die Aussichten auf Familie nicht. Die Ehe bzw. eine feste Partnerschaft wird von vielen auch als Schutz vor den Turbulenzen auf dem globalisierten Markt empfunden.
Was die Zukunft der Familie anbelangt, so bleibt Blossfeld optimistisch: Ein sicheres Beschäftigungsverhältnis, in dem gut ausgebildete Mittdreißiger meist auch angekommen sind, und Vertrauen in die Liebe machen Familie trotz Globalisierung möglich.

Quelle: www.ard.de, Kinder sind Zukunft, 2007

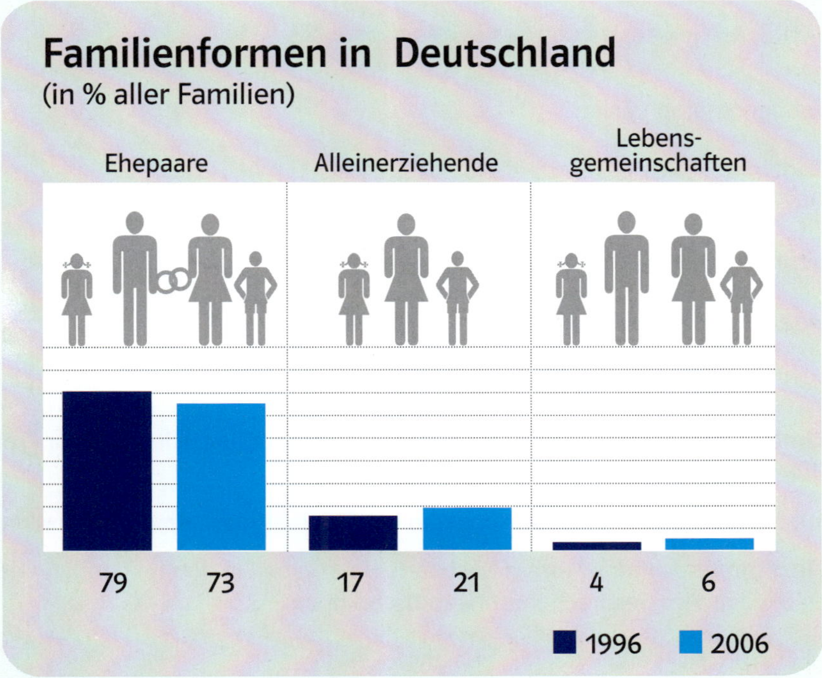

Quelle: Statistisches Bundesamt 2006

b Orientieren Sie sich an der Checkliste und machen Sie sich Notizen.

Planen Sie ca. 20 – 30 Minuten Zeit zur Vorbereitung.

Checkliste

- Lesen Sie die Aufgabenstellung genau: Was ist das Thema?
- Markieren Sie wichtige Aussagen des Textes.
- Werten Sie die Grafik aus: Was sind die wichtigsten Informationen?
- Wie lässt sich ein Zusammenhang von Text und Grafik herstellen?
- Machen Sie sich Notizen zu Vor- und Nachteilen, zu Begründungen und Beispielen.

c Vergleichen Sie Ihre Notizen mit Ihrer Nachbarin / Ihrem Nachbarn. Was findet sie / er wichtig? Sollten Sie das auch in Ihre Überlegungen integrieren?

4 Die Einleitung und die Überleitung zur Textwiedergabe schreiben

a Was müssen Sie bei der Einleitung beachten? ▶ Kapitel 7

b Formulieren Sie jetzt die Einleitung und anschließend einen überleitenden Satz zur Textwiedergabe.

c Geben Sie Ihre Einleitung Ihrer Nachbarin / Ihrem Nachbarn. Beurteilen Sie den Text anhand der folgenden Fragen und werten Sie dann im Gespräch die Einleitungen aus.

Fragen	☺	😐	☹
Hat sie / er das Thema richtig erfasst?			
Führt die Einleitung in das Thema ein?			
Ist der überleitende Satz zur Textwiedergabe logisch an die Einleitung angeschlossen?			
Sind die Redemittel zur Überleitung richtig formuliert?			

5 Die Textwiedergabe und die Überleitung zur Grafikzusammenfassung schreiben (Erste Teilaufgabe)

a Schreiben Sie jetzt die Textwiedergabe und die Überleitung zur Grafikzusammenfassung. ▶ Kapitel 1 – 4, 7

b Geben Sie den Text Ihrer Nachbarin / Ihrem Nachbarn. Beurteilen Sie den Text anhand der folgenden Fragen. Werten Sie dann im Gespräch Ihren Textabschnitt aus.

Fragen	☺	😐	☹
Hat sie / er die wichtigsten Informationen des Textes genannt?			
Hat sie / er die Aussagen paraphrasiert?			
Ist mithilfe von Redemitteln klar gekennzeichnet, dass es sich um Aussagen des Textes handelt?			
Sind die Sätze mithilfe von Konnektoren verbunden worden?			
Ist der überleitende Satz von der Textwiedergabe zur Grafikzusammenfassung logisch und korrekt formuliert?			

6 Die Grafik zusammenfassen, Gemeinsamkeiten mit dem Text herausstellen und zur Erörterung überleiten (Erste Teilaufgabe)

a Schreiben Sie jetzt die Grafikzusammenfassung und den Überleitungssatz zur Diskussion. ▶ Kapitel 3, 4, 7

b Geben Sie den Text Ihrer Nachbarin / Ihrem Nachbarn. Beurteilen Sie den Text anhand der folgenden Fragen und werten Sie dann im Gespräch Ihren Textabschnitt aus.

Fragen	☺	😐	☹
Hat sie / er die wesentlichen Punkte der Grafik (Hauptaussage, Details, Vergleiche) genannt?			
Ist mithilfe von Redemitteln klar gekennzeichnet, dass es sich um Informationen der Grafik handelt?			
Wurden Konnektoren benutzt?			
Sind Gemeinsamkeiten von Text und Grafik herausgearbeitet worden?			
Ist der überleitende Satz von der Text - und Grafikwiedergabe zur Erörterung nachvollziehbar und korrekt formuliert?			

7 Die Erörterung formulieren (Zweite Teilaufgabe)

a Schreiben Sie jetzt die Erörterung. ▶ Kapitel 5 und 6

b **Geben Sie den Text Ihrer Nachbarin / Ihrem Nachbarn. Beurteilen Sie den Text anhand der folgenden Fragen und werten Sie dann im Gespräch Ihren Textabschnitt aus.**

Fragen	☺	😐	☹
Ist der Rhythmus: These – Begründung – Beispiel beachtet worden?			
Wurden die richtigen Redemittel benutzt?			
Hat sie / er Bezug auf die Informationen des Textes genommen?			
Hat sie / er Informationen der Grafik in die Argumentation einfließen lassen?			
Wurden Konnektoren benutzt?			

8 Den eigenen Standpunkt formulieren und begründen (Dritte Teilaufgabe)

a Schreiben Sie jetzt Ihre Meinung und begründen Sie diese. ▶ Kapitel 6

b **Geben Sie den Text Ihrer Nachbarin / Ihrem Nachbarn. Beurteilen Sie den Text anhand der folgenden Fragen und werten Sie dann im Gespräch Ihren Textabschnitt aus.**

Fragen	☺	😐	☹
Wird klar, dass es sich um die eigene Meinung handelt?			
Gibt es einen Bezug zur Erörterung?			
Wurde die Meinung gut begründet?			
Wurden Konnektoren benutzt?			

9 Den Text abschließen

a **Schreiben Sie ein oder zwei abschließende Sätze. Besprechen Sie Ihre Sätze zu zweit.**

b **Sammeln Sie Ideen und Redemittel für abschließende Sätze in der Klasse.**

10 Den Text sprachlich kontrollieren

Lesen Sie den Text noch einmal ganz durch und kontrollieren Sie nach den Punkten auf der Checkliste:

Tipp

Zum Abschluss können Sie noch einmal Bezug zur Einleitung nehmen oder Ihre Gedanken zusammenfassen. Auch ein Ausblick in die Zukunft ist möglich.

Checkliste

- ☐ Steht das Verb an der richtigen Position (Hauptsatz, Nebensatz)?
- ☐ Ist das Verb richtig konjugiert? (Stimmt das Subjekt mit dem Prädikat überein?)
- ☐ Sind alle Nomen groß geschrieben?

Portfolio 8: Bilder auswählen

Tipp

Egal, welche Art der Präsentation Sie wählen, Sie sollten auch Fotos, Illustrationen oder Karikaturen benutzen, denn ein Bild sagt mehr als tausend Worte. Warum?
Bilder

- sind anschaulicher.
- lassen sich schneller aufnehmen.
- wecken Emotionen.
- suggerieren Glaubwürdigkeit.
- bieten viele Informationen auf wenig Platz.

Wir nehmen 80 % der Informationen mit den Augen, 15 % mit den Ohren, aber nur 5 % mit den anderen Sinnen auf.

1 Haben Sie schon Bilder für Ihr Thema gefunden? Dann prüfen Sie:

Checkliste

- ☐ Hat die Darstellung einen Bezug zum Thema?
- ☐ Eignet sie sich für Ihre Präsentationsform?
- ☐ Ist sie groß genug?
- ☐ Ist auf den ersten Blick erkennbar, was Sie damit aussagen wollen?
- ☐ Wollen Sie eine schriftliche Erklärung, z. B. einen Titel, hinzufügen?
- ☐ Haben Sie vorbereitet, was Sie zu dem Bild sagen können?

Tipp

Wählen Sie nicht zu viele Bilder, Illustrationen, Karikaturen oder Diagramme – das Publikum ist sonst überfordert.

2 Ein Bild vorstellen

a **Wählen Sie ein Bild aus und notieren Sie auf einem Notizzettel, was Sie dazu sagen wollen. Bearbeiten Sie dabei die folgenden Fragen.**

1	Schauen Sie ganz genau hin: Was sehen Sie?	▪ Was zeigt die Darstellung? ▪ Wer oder was wird angesprochen? ▪ Was fällt besonders auf?
2	Wird ein Problem thematisiert?	▪ Um welches Problem geht es? ▪ Wie wird das Problem in der Darstellung deutlich? ▪ Welche Hinweise gibt der Text?
3	Müssen Sie die Abbildung erklären oder ist die Abbildung selbsterklärend?	▪ Was will der Zeichner oder Fotograf ausdrücken? ▪ Drückt er eine Meinung aus?
4	Welche Meinung haben Sie zu diesem Problem?	▪ Wie stehen Sie zu dem Thema? ▪ Stimmen Sie mit dem Zeichner oder Fotografen überein?

b **Stellen Sie sich gegenseitig Ihre Bilder vor. Besprechen Sie dann in der Klasse, ob die Bilder wirklich geeignet sind.**

Info

In „So geht's zum DSD II (B2 / C1) Testbuch mit Leitfaden für die mündliche Prüfung" finden Sie im Leitfaden für die mündliche Prüfung konkrete Tipps zur Verwendung von Bildern.

Selbstevaluation

Ich habe gemacht ...		Ich bin zufrieden ...		
	✓	☺	😐	☹
Wortschatz				
Hörverstehen				
Leseverstehen				
Mündliche Kommunikation				
Schriftliche Kommunikation				
Grammatik				
Projekt				

Meine Wortliste zum Thema „Globalisierung“:

Sehen Sie sich noch einmal das Kapitel an und notieren Sie hier wichtige Wörter. Ergänzen Sie dann Ihre Notizen um Wörter, die Sie außerdem brauchen.

Wichtige Redemittel

Meine Lieblingswörter

9 Demografischer Wandel

Wortschatztraining

1 Generationen

a Welche Eigenschaften würden Sie den Personen auf den Bildern oben zuordnen? Schlagen Sie neue Wörter im Wörterbuch nach.

hilflos | erfahren | eigensinnig | hilfsbedürftig | selbstständig | vertrauensvoll | neugierig | gelassen | ehrgeizig | interessiert | ängstlich | vorsichtig | weise | fürsorglich | sportlich | liebevoll | gebrechlich | besserwisserisch | aufmüpfig | hartnäckig

b Bilden Sie die Nomen zu den Eigenschaften aus 1a.

2 Lebensabschnitte

a Zeichnen Sie einen Zeitstrahl wie unten in Ihr Heft. Ordnen Sie die Altersbezeichnungen an den Zeitstrahl. Welche Begriffe sind synonym? Welche sind Oberbegriffe?

der / die 20-Jährige | der / die Ältere | der Säugling | der Teenager | das Kind | der Jugendliche | der / die Pubertierende | der / die Alte | der / die Erwachsene | der Mittvierziger | das Kleinkind | der Pensionär | der / die 90-Jährige | die Rentnerin / der Rentner | das Baby | die Greisin / der Greis | das Neugeborene

0 Jahre — 100 Jahre

b Bilden Sie vier Gruppen. Jede Gruppe bekommt ein großes Blatt Papier (DIN A3) und notiert Begriffe zum Thema *Generation* darauf. Hängen Sie die Blätter anschließend im Klassenzimmer auf und erklären Sie gegebenenfalls neue Wörter.

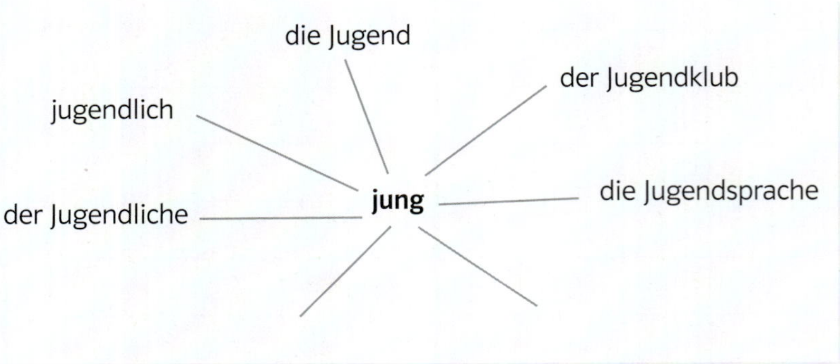

Tipp

Wortschatz können Sie sowohl in Wortfamilien als auch mithilfe eines Assoziogramms sammeln. Beides sind wichtige Arbeitstechniken.

Training Leseverstehen

▶ Das Leseverstehen 1 und 2 in der vorgegebenen Zeit lösen

1 Das Leseverstehen 1 in der vorgegebenen Zeit lösen ▶ Kapitel 1, 5

a Lesen Sie die Überschriften A–I und die Texte 1–5. Welche Überschrift passt zu welchem Text? Vier Buchstaben bleiben übrig. Sie haben für diese Aufgabe ca. 10 Minuten Zeit.

A	Hören lernen, was der andere sagt	F	Hören und Fühlen lernen
B	Senioren für Dialog gesucht	G	Eine Uni für alle Altersgruppen
C	Wissenschaftsstandort Universität	H	Besseres Verstehen durch Erfahrungsaustausch
D	Generationskonflikt vermeiden	I	Senioren erlernen den Dialog
E	Verständnis und Austausch		

1	Kinder und Senioren gehören nicht zu dem Bild, das wir uns von einem Studenten machen. Aber beide Altersgruppen sind an den Universitäten vertreten. Für sie gibt es eine Vielfalt an Konzepten: In Vorlesungen der Kinderuni soll beim akademischen Nachwuchs Neugier auf die Universität geweckt werden. Senioren dagegen immatrikulieren sich „ganz normal" als Studierende oder nehmen als Gasthörer an regulären Lehrveranstaltungen teil. Unterschiedlich sind auch die individuellen Lernvoraussetzungen beider Gruppen: Kinder zeichnen sich durch ein höheres Aufnahmevermögen und eine schnellere Lerngeschwindigkeit aus. Senioren dagegen können auf eine bessere Abstraktionsfähigkeit und auf ein ausgeprägtes Faktenwissen zurückgreifen.
2	Von den Älteren lernen, mit den Jüngeren lernen: Beim Projekt „Senioren an Hauptschulen" produzieren Ältere zusammen mit Hauptschülern Hörbeiträge zu verschiedenen Themen. Die Projektteilnehmer entwickeln gemeinsam die Inhalte, machen Aufnahmen mit professioneller Rundfunktechnik und produzieren schließlich einen Hörbeitrag für das Radio. Beide Gruppen profitieren vom Projekt: Die Senioren geben ihre Erfahrung an die Jüngeren weiter, gleichzeitig lernen sie mit und von den Schülern den Umgang mit klassischen und neuen Medien. Im Frühjahr 2010 startete das Projekt „Sounds of generations", dessen zentrales Thema das Zuhören ist: Wie kommunizieren wir miteinander? Was kann ich erfahren, wenn ich wirklich zuhöre? Wie geht „aktives Zuhören"?
3	In vielen westlichen Industriestaaten steigt das Durchschnittsalter der Menschen stetig an, gleichzeitig sinkt die Geburtenrate. Das führt dazu, dass es immer mehr ältere und immer weniger junge Menschen gibt. Diese Entwicklung wird einen neuen Umgang mit dem Alter erfordern, ebenso wie einen neuen Umgang der Generationen miteinander. Im Projekt „Miteinander" soll über die veränderte gesellschaftliche Lage und das Generationenverhältnis diskutiert werden. Was kann jeder selbst zu einem verbesserten Generationenverhältnis beitragen, damit es zu keinem Konflikt der Generationen kommt?
4	Die Stiftung *Zuhören* sucht interessierte Senioren zur Mitarbeit beim Projekt „Senioren an Hauptschulen". Das Projekt wendet sich an Menschen, die nicht mehr im Berufsleben stehen und sich trotzdem noch aktiv in die Gesellschaft einbringen wollen. Voraussetzungen, um bei dem Projekt mitzumachen, sind Lust und Zeit sowie die Fähigkeit, mit Kindern und Jugendlichen über das Gespräch in den Dialog zu treten. Dabei übernehmen die Senioren während der gemeinsamen Arbeit an spannenden Projekten die Funktion eines Coaches und eines Zuhörenden. Außerdem stehen sie den Hauptschülern als Berater und Partner zur Verfügung.
5	Ob in Vorleseaktionen in Kindergärten und Schulen, Hörclubs in Mehrgenerationenhäusern oder in der Kinderuniversität: Jung und Alt profitieren gegenseitig vom Dialog miteinander. Beim Projekt „JA! Begegnung zwischen Jung und Alt" erleben Kinder, Jugendliche und Erwachsene, wie Erfahrungswelten vermittelt und erschlossen werden können: durch Vorlesen sowie anschließende Gesprächsrunden oder durch Hörclubs, in denen ganz bewusst hingehört wird. Dieser Austausch wirkt dem Generationenkonflikt entgegen und stellt zugleich eine erfüllende Aufgabe für ältere Menschen dar. Kinder und Jugendliche wiederum erwerben nicht nur neue Lese- und Sprachkompetenzen, sondern durch das vermittelte Erfahrungswissen auch mehr lebenspraktische oder berufliche Qualifikationen. Ihnen wird dadurch eine umfassende Persönlichkeitsentwicklung ermöglicht.

Lösung: ______________________________

2 Das Leseverstehen 2 in der vorgegebenen Zeit lösen ▶ Kapitel 2, 6

Lesen Sie den Text und die Aufgaben 1–7. Kreuzen Sie bei jeder Aufgabe an: „richtig", „falsch" oder „Der Text sagt dazu nichts". Für diese Aufgabe haben Sie ca. 20 Minuten Zeit.

Aussage	richtig	falsch	Der Text sagt dazu nichts.
	A	B	C
1. Seit 1952 gibt es einen jährlich erscheinenden Bericht über das Denken und Fühlen von Jugendlichen.			
2. Die Erwartungen an die Jugend sind groß.			
3. Die Jugendlichen sind fleißiger, zuverlässiger, höflicher und pünktlicher als bei der letzten Studie.			
4. Es gibt kaum Konflikte zwischen den Generationen.			
5. Bei der Elterngeneration und den Jugendlichen gibt es größere Unterschiede im Kleidungs- und Musikgeschmack.			
6. Je höher der Schulabschluss, desto mehr Erfolg hat man.			
7. Optimismus bzw. Pessimismus wird von der gesellschaftlichen Stellung der Familien beeinflusst.			

Seit 1952 erscheint alle drei bis vier Jahre die Shell-Studie, die über die aktuelle Lebenssituation, die Glaubens- und Wertevorstellungen der Jugend Auskunft gibt. Die Shell-Studie aus dem Jahr 2006 zeigt eine pragmatische, angepasste Jugend, die stark unter Druck geraten ist. Zwar sieht die Hälfte ihre persönliche Zukunft immer noch optimistisch, aber die Globalisierungs- und die radikalen Reformdebatten der vergangenen Jahre haben auch bei den Jugendlichen ihre Spuren hinterlassen: Mehr als zwei Drittel fürchten sich demnach z. B. vor Arbeitslosigkeit.
Dabei führen die latenten Ängste bei den jungen Menschen im Alltag erstaunlicherweise nicht zu Renitenz und Auflehnung, sondern vor allem zu Anpassung und extremer Leistungsorientierung: Zentral ist für sie der persönliche Erfolg in einer Leistungs- und Konsumgesellschaft, gleichzeitig möchten sie aber auch das Leben genießen. Für 94 Prozent ist es außerdem besonders wichtig, gute Freunde zu haben und anerkannt zu sein. Denn sehr viele Jugendliche greifen auf die Unterstützung ihrer Freunde, viele auch auf die der Eltern zurück, wenn sie in ihrem Leben größere Probleme haben. „Diese Generation erfüllt alle Erwartungen der Gesellschaft nach Verantwortung, Leistungsbereitschaft und Familiensinn", bilanzieren die Verfasser der Shell-Studie. „Unbekümmertheit und Unbeschwertheit – nach Definition eigentlich Kennzeichen der Jugendphase – sind wenig zu spüren." Das jedoch hat Auswirkungen auf die Gesundheit. In der Studie heißt es: „Mädchen reagieren auf den Druck mit depressiven Verstimmungen und psychosomatischen Störungen; Jungen versuchen, den Druck aggressiv nach außen loszuwerden."
Die Studie belegt außerdem, dass „die Spannung zwischen den Generationen fast verschwunden ist." Das Verhältnis zu den Eltern bewerten die meisten Jugendlichen positiv: Die Herkunftsfamilie bietet vor allem in Zeiten der gestiegenen Anforderungen in Schule, Ausbildung und den ersten Berufsjahren Rückhalt und Unterstützung. Die Zahl der Jugendlichen, die ihre Kinder genauso erziehen würden, wie sie selbst erzogen wurden, hat zugenommen. Allerdings hätten es die Jugendlichen schwerer sich abzugrenzen, weil die ältere Generation einen ähnlichen Lebensstil in Bezug auf Kleidung, Ausgehen und Musik pflegt.
Die aktuelle Studie von 2010 kommt zu anderen Ergebnissen: Die Jugend schaut trotz wirtschaftlicher Krise zuversichtlicher in die Zukunft als vier Jahre davor. Dabei wird der Schulabschluss von vielen Jugendlichen als der Schlüssel zum Erfolg gesehen. Allerdings hängt der Optimismus der Jugendlichen weiterhin mit ihrer sozialen Herkunft zusammen, denn nur noch 33 Prozent der Jugendlichen aus benachteiligten Familien sind zuversichtlich – dies ist ein deutlicher Rückgang gegenüber 2006. Jugendliche, die sich unsicher sind, ob sie ihren Schulabschluss erreichen, sehen die Zukunft eher negativ.

Info

In der Prüfung müssen Sie Ihre Antworten nach Abschluss des Leseverstehens auf ein Antwortblatt übertragen. Dafür haben Sie 10 Minuten Zeit.

Training Schriftliche Kommunikation

▶ Textwiedergabe und Textzusammenhänge

1 Textwiedergabe im Konjunktiv I

a Vergleichen Sie die beiden Sätze: Worin besteht der Unterschied?

1. „Diese Generation erfüllt alle Erwartungen der Gesellschaft nach Verantwortung, Leistungsbereitschaft und Familiensinn", bilanzieren die Verfasser der Shell-Studie.
2. Die Verfasser der Shell-Studie bilanzieren, dass diese Generation alle Erwartungen der Gesellschaft nach Verantwortung, Leistungsbereitschaft und Familiensinn erfülle.

Tipp

Zur Wiedergabe von Aussagen und wesentlichen Informationen des vorgegebenen Prüfungstextes können Sie neben den Redemitteln: *Im Text steht, … / Der Verfasser äußert die Ansicht, dass …* etc. und der direkten Rede mit Anführungszeichen auch den Konjunktiv I benutzen (indireke Rede).

b Vervollständigen Sie die Information mit den Wörtern aus dem Schüttelkasten.

sei | seiet | Stamm | seien | seien | sei | seiest | Konjunktiv II

Info

Der Konjunktiv I wird aus dem ____________ des infiniten Verbs gebildet. In allen Endungen erscheint ein -e. (gehen → ich gehe, du gehest, er gehe, wir gehen, ihr gehet, sie gehen). Das Verb „sein" hat unregelmäßige Konjunktiv I-Formen. Sie lauten: ich ____________, du ____________, er/sie/es ____________, wir ____________, ihr ____________ und sie ____________. Wenn die Form des Konjunktiv I mit der des Indikativs identisch ist, benutzt man die Form des ____________ oder die Form mit *würde + Infinitiv*.

c Ergänzen Sie die Formen des Konjunktiv I.

1. er kommt ____________
2. sie arbeitet ____________
3. er zieht weg ____________
4. sie funktioniert ____________
5. sie fliegen ____________
6. sie fahren ____________
7. wir haben ____________
8. ihr findet ____________

d Formen Sie die übrigen Zitate aus dem Text von S. 105 in die indirekte Rede um:

1. „Unbekümmertheit und Unbeschwertheit sind wenig zu spüren", schreiben die Autoren der Studie.

____

____

2. In der Studie 2006 heißt es: „Mädchen reagieren auf den Druck mit depressiven Verstimmungen und psychosomatischen Störungen, Jungen versuchen den Druck aggressiv nach außen loszuwerden."

____

____

3. Die Studie belegt außerdem, dass „die Spannung zwischen den Generationen fast verschwunden ist."

____

____

2 Textzusammenhänge herstellen

a Arbeiten Sie jeweils zu dritt. Wählen Sie jeweils einen Textabschnitt (A, B oder C). Lesen Sie Ihren Abschnitt und entscheiden Sie sich für eins der vorgeschlagenen Wörter.

A Das Wort Demografie

Das Wort Demografie kommt aus dem Griechischen. (1) ________ (es / sie / er) bedeutet ‚Bevölkerungswissenschaft'. Demografen, also Bevölkerungswissenschaftler, zählen zum Beispiel regelmäßig, wie viele Menschen in einem Land leben und wie alt (2) ________ (sie / wir / dieses) sind. Wenn sie ihre Ergebnisse zusammengetragen haben, stellen die Demografen sie unter anderem in einer Grafik dar: in (3) ________ (der / die / das) sogenannten Bevölkerungspyramide. Außerdem interessiert es Demografen, (4) ________ (wohin / wo / woher) die Menschen kommen, (5) ________ (denen / der / die) nach Deutschland ziehen und in welche Länder Deutsche auswandern.

B Die Bevölkerungspyramide

An (1) ________ (diese / dieser / deren) Darstellung kann man zum Beispiel ablesen, wie viele Männer und Frauen in Deutschland leben und wie alt (2) ________ (es / sie / er) sind. Diese Grafik bezeichnet man als Pyramide, weil sie früher – vor ungefähr 100 Jahren – noch wie eine Pyramide aussah: Es gab viele junge und wenige alte Menschen, deshalb war die Grafik am Fuß sehr breit und an der Spitze sehr schmal. Heute sieht die Bevölkerungspyramide gar nicht mehr wie (3) ________ (eine / einer / eines) aus, denn es gibt in Deutschland immer weniger junge und immer mehr alte Menschen. (4) ________ (Die / Was / Das) liegt unter anderem (5) ________ (davon / dafür / daran), dass die Menschen heute länger leben, aber auch an der Tatsache, dass die Deutschen weniger Kinder bekommen als früher: (6) ________ (So / Diese / Ihre) gehen länger zur Schule als früher, heiraten später und müssen nach einer langen Ausbildung erst einmal den Einstieg ins Berufsleben schaffen. So wird die Familienplanung immer weiter nach hinten verschoben.

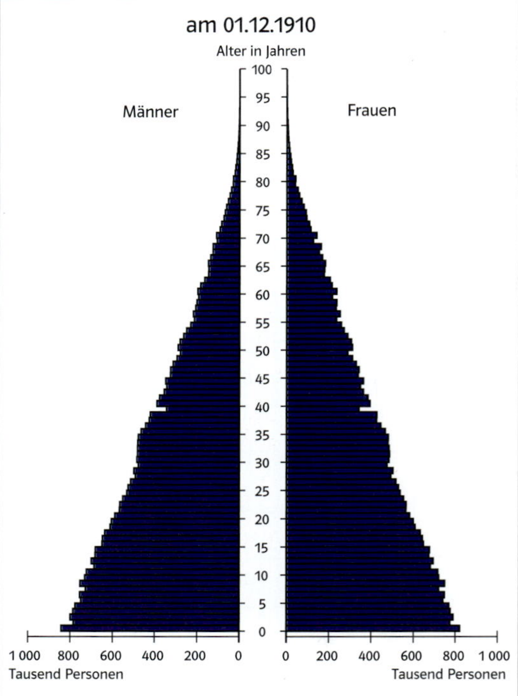

C Wichtige Ergebnisse für die Politik

(1) ________ (Welche / Solche / Diejenigen) demografischen Ergebnisse wie die Bevölkerungspyramide sind sehr wichtig für die Politiker, denn (2) ________ (sie / dort / der) müssen auf Veränderungen in der Bevölkerung reagieren. (3) ________ (Er / Es / Sie) müssen sich zum Beispiel überlegen, (4) ________ (wofür / wovon / worüber) die alten Menschen leben sollen. Wenn es nämlich immer mehr alte Menschen gibt, (5) ________ (die / da / wo) eine Rente bekommen, aber immer weniger junge Erwerbstätige, (6) ________ (die / denen / wer) in die Rentenkasse einzahlen, dann ist irgendwann nicht mehr genug Geld für die Renten vorhanden.

b Stellen Sie Ihre Lösung den anderen Gruppenmitgliedern vor und begründen Sie Ihre Entscheidungen.

Tipp

Wiederholen Sie die Mittel zur Textverknüpfung, wie z. B. Artikel, Pronomen, Demonstrativpronomen, Adverbien als Ersatz für Nomen und Pronominaladverbien als Ersatz für Sätze. Die Kenntnis bzw. der Einsatz dieser Mittel ist für das Leseverstehen 3 und für die schriftliche Prüfung von Vorteil.

Training Schriftliche Kommunikation

▶ Schreiben und korrigieren

1 Lesen Sie zuerst die Aufgabe.

Schreiben Sie einen zusammenhängenden Text zum Thema „Generationskonflikt im Hörsaal. Demografischer Wandel am Beispiel der Universitäten".

Bearbeiten Sie in Ihrem Text die folgenden drei Punkte:

- Arbeiten Sie wichtige Aussagen aus dem Text und der Grafik heraus.
- Erörtern Sie Vorteile oder Nachteile eines Studierens mit Senioren.
- Welche Universität würden Sie auswählen: eine, an der es ältere Gasthörer gibt oder eine ohne Seniorenstudenten? Begründen Sie Ihre Meinung.

Sie haben insgesamt 120 Minuten Zeit.

Generationskonflikt im Hörsaal

Der demografische Wandel am Beispiel der Universitäten

Nach Angaben des Statistischen Bundesamts hat sich der Anteil der über Sechzigjährigen unter den gut 40 000 Gasthörern an deutschen Universitäten in den letzten zehn Jahren verdoppelt. Damit steht die universitäre Lehre angesichts des hohen Anteils von Seniorenstudenten vor einer Zerreißprobe. Denn wie soll sie jugendlichen Studienanfängern und Älteren gerecht werden? Die Lage ist von Universität zu Universität und von Fach zu Fach sehr unterschiedlich: Nur wenige Senioren besuchen naturwissenschaftliche Lehrveranstaltungen, Maschinenbau und Ingenieurwissenschaften. Doch andere Disziplinen, wie z. B. die Kultur- und Literaturwissenschaften, die Musikwissenschaft und die Philosophie werden gerade in großstädtischen Universitäten seit einigen Jahren mit immer größeren Seniorengruppen konfrontiert. Die Stimmung im Hörsaal ist oft nicht gut. Viele Jüngere klagen darüber, durch immer mehr Ältere in ihrem eigenen Studium massiv behindert zu werden: Oft kommen Senioren sehr früh in den Hörsaal und belegen die besten Plätze, so dass den Jüngeren nur die letzte Bank oder die Treppenstufen bleiben. Nach Ende der Vorlesung stürmen die Älteren mit Fragen und Zusatzinformationen auf den Dozenten zu. In den Bibliotheken okkupieren viele Ältere die knappen Arbeitsplätze.
Natürlich sehen die Jüngeren, dass man die Erfahrung der Seniorenstudenten nutzen kann und sie achten deren soziale Kompetenz. Die meisten von ihnen, so sagen die jüngeren Studenten, „sind fleißig, hilfsbereit und aufmerksam." Sie schätzen die ältere Generation, aber meinen auch, dass die Uni den gegensätzlichen Erwartungen der Studenten, egal ob alt oder jung, gerecht werden muss. Einige Universitäten haben sich deshalb auf den Andrang von älteren Studenten eingestellt und bieten Vorlesungen und Seminare eigens für Senioren an.

Quelle: Friedrich Wilhelm Graf, FAZ.net, 2009

Studenten über 60

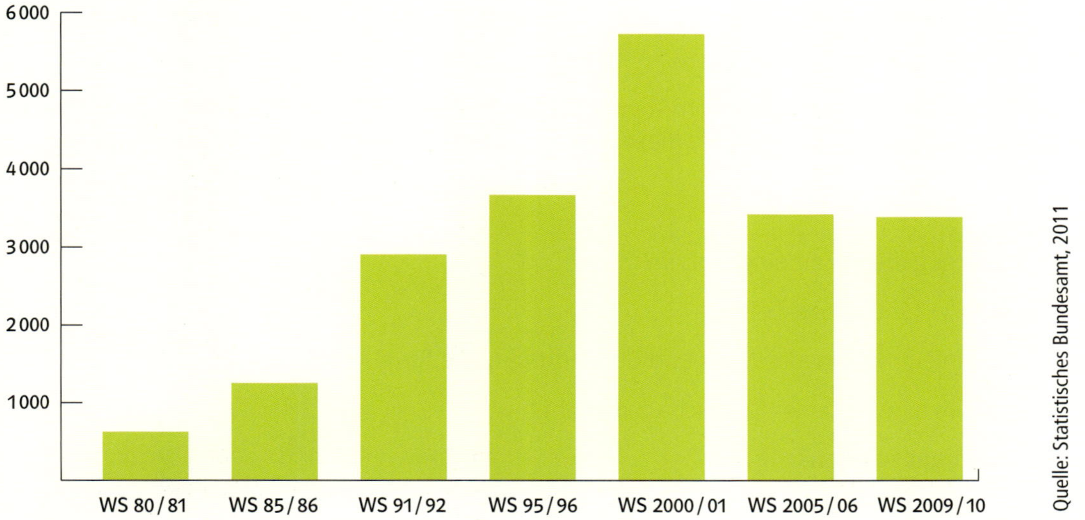

2 Konzeptpapier und Stift

Besprechen Sie in der Klasse, wie Sie beim Schreiben vorgehen: Sammeln Sie Tipps an der Tafel, vielleicht gefällt Ihnen ja ein Tipp Ihrer Mitschüler/innen und Sie übernehmen ihn.

Ich notiere nur die Gliederung auf dem Konzeptpapier, dann schreibe ich den Text auf das Prüfungspapier.

Die Einleitung und wichtige Sätze schreibe ich komplett auf Konzeptpapier, den Rest formuliere ich dann beim Schreiben.

Tipp

In der Prüfung können Sie Ihren Text zunächst auf Konzeptpapier schreiben. Sie sollten aber nur Stichpunkte oder eine Gliederung formulieren. Denn die Zeit ist zu knapp, um einen kompletten Text auszuformulieren und diesen dann abzuschreiben.
Benutzen Sie einen Kugelschreiber oder einen Füllfederhalter. Mit einem Bleistift zu schreiben, ist nicht erlaubt. Achten Sie auf eine leserliche Handschrift.

3 Korrektur lesen und korrigieren

Tipp

Lesen Sie nach dem Schreiben Ihren Text ein- oder mehrmals gründlich durch. Wenn Sie Fehler entdecken, können Sie diese natürlich verbessern: Streichen Sie fehlerhafte Wörter und Sätze sauber mit einem Lineal durch und nummerieren Sie diese. Notieren Sie Ihre Korrekturen und Ergänzungen unter der entsprechenden Nummer, am besten auf einem Extrablatt. Fehler im Satzbau können Sie auch mit Pfeilen korrigieren. Aufgepasst: Alles, was nicht eindeutig und klar lesbar ist, kann die Bewertung negativ beeinflussen.

1
~~Meiner Meinung nach sollten an die Universitäten eigene Kurse für den Senioren eingerichtet sein.~~
Sie haben viel mehr Lebenserfahrung und andere Sichtweisen als wir Jugendlichen, die ich selbst aber vielleicht so nicht teile. Deshalb ich möchte lieber mit anderen Jugendlichen in einem Seminar sitzen, anstatt mir Meinungen von Menschen, die teilweise 40 oder 50 Jahre älter als ich sind, anzuhören. Wir Jungen müssen unsere eigene Meinung zu den Problemen heute finden. ...

1. Meiner Meinung nach sollten an den Universitäten eigene Kurse für Senioren eingerichtet werden.

4 Schreiben Sie nun Ihre Erörterung zum Thema „Generationskonflikt im Hörsaal. Demografischer Wandel am Beispiel der Hochschulen“. Achten Sie diesmal auf die Zeit. Prüfen Sie vor der Abgabe Ihren Text:

	☺	😐	☹
Habe ich die vorgegebene Zeit eingehalten?			
Habe ich alle Teilaufgaben bearbeitet?			
Habe ich eine Einleitung, einen Schluss und Überleitungssätze formuliert?			
Habe ich mich um einen eigenen Wortschatz bemüht?			
Ist meine Schrift gut zu lesen?			
Sind die Korrekturen sauber angefügt?			

Training Hörverstehen

▶ Das Hörverstehen 3 trainieren ▶ Kapitel 2, 5, 6

1 Kreuzen Sie an: Was müssen Sie beim Hörverstehen Teil 3 beachten?

1. Sie hören ein Interview. ☐ Ja ☐ Nein
2. Sie hören den Text zweimal. ☐ Ja ☐ Nein
3. Sie müssen insgesamt zehn Aufgaben lösen. ☐ Ja ☐ Nein
4. Die letzte Aufgabe bezieht sich immer auf den Gesamttext. ☐ Ja ☐ Nein

2 Vokabular mithilfe des Kontextes verstehen

Tipp

Nicht immer kennen Sie alle Wörter, die Sie in den Hörtexten hören. Lassen Sie sich nicht verunsichern, sondern versuchen Sie, die Bedeutung aus dem Kontext zu verstehen.

a Lesen Sie die Auszüge aus dem Hörtext. Erklären Sie die unterstrichenen Wörter mithilfe des Kontexts.

Bei der Produktpalette und der Werbung haben die großen Anbieter weiterhin vor allem die Gruppe der 14- bis 49-Jährigen im Visier. Dabei hat die Generation der über 60-Jährigen nach Berechnungen des Deutschen Instituts für Wirtschaftsforschung (IW) schon heute eine Kaufkraft von mehr als 316 Milliarden Euro. Jeder dritte Euro käme demnach zurzeit aus dem Portemonnaie eines Senioren.

Die Steigerung der Kaufkraft dürfte aber vor allem auf die demographische Entwicklung zurückzuführen sein. Denn eine große Steigerung der Renten ist nur schwer denkbar. Im Gegenteil: Vor allem im Osten werden die Renten eher sinken. Der Grund: In den kommenden Jahren gehen Generationen in Rente, die in ihrer Erwerbsbiographie viele Jahre Arbeitslosigkeit aufzuweisen haben.

Bei der Entwicklung von Produkten empfiehlt der Bundesverband der Verbraucherzentralen den Herstellern: Sie sollten sich zwar an den Senioren orientieren, aber keine speziellen Seniorenprodukte anbieten. «Ältere wollen nicht gerne durch Senioren-Produkte auffallen. Ihre Bedürfnisse sollten daher besser in bestehende Produkte integriert werden», sagte VZBV-Vorstand Gerd Billen.

Ähnlich argumentiert auch die Wissenschaftlerin Uta Schwarz. Wichtig sei, das Produktumfeld seniorengerecht zu gestalten. Sie spricht in diesem Zusammenhang von einfachen Gebrauchsanweisungen, Ruheräumen sowie Einpackhilfen und deutlich geschriebenen Preisausschilderungen in Supermärkten.

Die Alterswissenschaftlerin und ehemalige Familienministerin Ursula Lehr geht noch einen Schritt weiter. Ihrer Meinung nach würden auch viele andere Menschen davon profitieren, wenn Produkte altersgerecht werden. Beispielsweise seien die Niederflurstraßenbahnen auf Wunsch von Älteren entwickelt worden. Heute freuen sich aber auch Familien mit Kinderwagen und Fahrradfahrer über den leichteren Zugang.

b Vergleichen Sie Ihre Antworten in der Klasse. Hat Ihnen der Kontext geholfen? Wenn nicht, schlagen Sie gegebenenfalls auch in einem Wörterbuch nach.

26–28

3 Hören Sie nun den Text „Senioren verändern unsere Gesellschaft".
Kreuzen Sie bei den Aufgaben jeweils die richtige Lösung an. Sie hören den Text zweimal.

1. **Rentner wollen**
   - A ☐ viel Geld haben.
   - B ☐ abends aktiv sein.
   - C ☐ noch viel unternehmen.

2. **In der deutschen Gesellschaft**
   - A ☐ leben mehr junge als alte Menschen.
   - B ☐ überwiegen ältere und alte Menschen.
   - C ☐ ist das Verhältnis zwischen Jung und Alt ausgeglichen.

3. **In manchen ostdeutschen Städten gibt es sehr viele Rentner, weil**
   - A ☐ die Wohnungen dort besonders preiswert sind.
   - B ☐ dort kaum Arbeitslosigkeit herrscht.
   - C ☐ sie sich mit den Wohnungsgesellschaften verbunden fühlen.

4. **Die deutschen Unternehmen**
   - A ☐ ignorieren die Wünsche von Senioren.
   - B ☐ nehmen sehr viel Rücksicht auf Senioren.
   - C ☐ produzieren vor allem für Kunden unter 50 Jahren.

5. **Die Steigerung der Kaufkraft von Senioren wird**
   - A ☐ die Gesundheits- und Pflegebranche beeinflussen.
   - B ☐ vielen unterschiedlichen Branchen Nutzen bringen.
   - C ☐ mit vielen Fragen verbunden sein.

6. **Die Hersteller sollen**
   - A ☐ spezielle Produkte für Senioren anbieten.
   - B ☐ sich nach den Bedürfnissen der Senioren richten.
   - C ☐ keine Produkte für Senioren entwickeln.

7. **Seniorengerechte Produkte machen den Alltag**
   - A ☐ von Familien leichter.
   - B ☐ für alle beschwerlicher.
   - C ☐ für viele Menschen leichter.

8. **Senioren**
   - A ☐ wollen ihren Lebensabend aktiv gestalten.
   - B ☐ interessieren sich nicht für moderne Produkte.
   - C ☐ verfügen immer öfter über weniger Geld.

Training Mündliche Kommunikation

▶ Das Kriterium „Verfügbarkeit sprachlicher Mittel" im Prüfungsgespräch

1 Eines der Prüfungskriterien betrifft die „Verfügbarkeit sprachlicher Mittel"

a Diskutieren Sie in der Klasse:

- Was gehört zu den „sprachlichen Mitteln"
- Was bedeutet „Verfügbarkeit"?
- Was bedeuten die Wörter im Kasten rechts im Zusammenhang mit „sprachlichen Mitteln"?

gute | differenzierten | problemlos | offensichtliche | selten | präzisen | breites

b Ergänzen Sie die die Lücken mit den Wörtern aus 1a.

Verfügbarkeit sprachlicher Mittel:

Der Schüler verwendet einen (1) ______________ und (2) ______________ Wortschatz sowie ein (3) ______________ Spektrum an Strukturen. Das (4) ______________ Suchen nach Wörtern ist (5) ______________. Bei Wortschatzlücken verwendet er (6) ______________ Umschreibungen. Er zeigt eine (7) ______________ Beherrschung idiomatischer Ausdrücke.

c Was denken Sie: Was spricht für sprachliche Mittel auf dem Niveau C1 und was für ein Niveau unter C1? Lesen Sie die Begriffe und ordnen Sie zu.

Synonyme | häufige Wortschatzlücken | Zitate | idiomatische Wendungen | Wiederholungen | Grundwortschatz | einige komplexe Satzstrukturen | einfacher Satzbau | verschiedene Satzstrukturen | richtig eingesetzte Konnektoren | Umgangssprache | falsche Umschreibungen | Hochdeutsch

C1	unter C1

d Wie würden Sie die folgenden beiden Aussagen bewerten? Begründen Sie Ihre Bewertung.

Ja, also, der nächste Aspekt heißt: „Jugend heute". Also, jung ist man bis ungefähr 20 Jahre. Oder? Naja, also, die Jugend heute ist ganz sicher anders als die Jugend früher. Sie muss viel lernen, das ja, aber sie muss nicht arbeiten. So wie früher. Da mussten Kinder arbeiten und Geld verdienen. Weil die Eltern haben nicht genug verdient. Das war so im letzten Jahrhundert. Ja, also, die Jugend heute kann lernen und studieren und dann arbeiten und sich ein Leben bauen. Aber ich denke, das ist auch heute nicht so einfach. …

Der nächste Aspekt, zu dem ich etwas sagen möchte, heißt „Jugend heute". Für mich ist es schwierig, Jugend zu definieren, denn es ist individuell verschieden, wie lange man sich jung fühlt. Deshalb möchte ich hier auf eine Definition verzichten. Jungsein heute heißt natürlich etwas anderes als Jungsein früher: Kinder und Jugendliche mussten bis zum 19. Jahrhundert schon frühzeitig arbeiten, da die Eltern oft nicht genug verdienten. Heute hat die Jugend es besser: Sie kann lernen und sich ausbilden. Nach der Ausbildung kann man einen Beruf ergreifen und sich ein eigenes Leben aufbauen. Zwar ist das heute auch nicht so leicht, aber sicherlich leichter, als das früher der Fall war. …

e Sprechen Sie über das Thema „Jugend heute": Notieren Sie drei Aspekte, zu denen Sie etwas sagen möchten und bereiten Sie einen kurzen Vortrag vor. Achten Sie beim Sprechen auf Ihre „sprachlichen Mittel". Wie bewerten Ihre Mitschülerinnen und Mitschüler sie?

Portfolio 9: Grafiken und Diagramme erstellen und besprechen

1 Diagrammtypen ▶ Kapitel 3

a Welches Diagramm eignet sich wofür? Ordnen Sie zu.

Das Säulendiagramm	eignet sich vor allem zur Darstellung von Prozentwerten, d.h. von Anteilen einer Gesamtheit (= 100 %).
Das Kreisdiagramm	zeigt oft eine Entwicklung.
Das Balkendiagramm	stellt meist eine Rangfolge dar.
Das Kurvendiagramm	zeigt die Veränderung von Werten über einen Zeitraum.

b Haben Sie Zahlen, die Sie in einem Diagramm darstellen möchten? Welche Diagramm-Form wählen Sie am besten? Besprechen Sie Ihre Fragen in der Klasse.

2 Über Diagramme sprechen

a Wählen Sie ein Diagramm aus Ihren Vorbereitungsmaterialien für Ihr eigenes Thema aus. Kopieren Sie es auf ein DIN-A4-Blatt. Machen Sie sich auf der Rückseite des Blattes Notizen zur Versprachlichung.

Denken Sie an folgende Fragen:

- Um was für ein Diagramm handelt es sich?
  (Kreisdiagramm, Säulendiagramm, Balkendiagramm, Kurvendiagramm)
- Was sagt das Diagramm / die Grafik auf den ersten Blick?
  (Überschrift, Untertitel, Quelle, Daten von wann?)
- Was wird veranschaulicht?
  (Teile vom Ganzen, Entwicklung von etwas, Vergleich zwischen Entwicklungen, Rangfolge von etwas, Rangfolgen im Vergleich)
- Um welchen Zahlenwert handelt es sich?
  (Prozentsätze, absolute Zahlen)
- Um welchen Zeitraum handelt es sich?
  (Darstellung von Stand innerhalb eines Jahres, Monats etc., Vergleich mehrerer Jahre, Monate etc.)

b Um in Ihrer Präsentation über eine Grafik zu sprechen, können Sie folgende Redemittel gut verwenden. Ergänzen Sie die Redemittel, wo nötig, zu kompletten Sätzen.

Die Ergebnisse meiner Recherche habe ich in einem Säulendiagramm zusammengefasst. | Sie sehen hier auf der x-Achse … und auf der Y-Achse … | Zur Verdeutlichung dieses Aspekts habe ich eine Grafik mitgebracht. | Ich möchte Ihnen dazu kurz eine Grafik erläutern. | Diese Entwicklung können Sie besonders gut auf diesem Kurvendiagramm ablesen. | Ich habe ein Diagramm angefertigt, um …

c Bilden Sie Gruppen von ca. sechs Personen und stellen Sie sich in einem Kreis auf. Halten Sie Ihr Diagramm so vor sich, dass die anderen es gut sehen können. Der Erste beginnt mit der Erklärung seines Diagramms, der „Spickzettel" auf der Rückseite seines Blattes hilft dabei. Dann gibt er das Wort an einen anderen weiter, der zunächst das erste Diagramm nochmals vorstellt und anschließend über sein eigenes spricht.

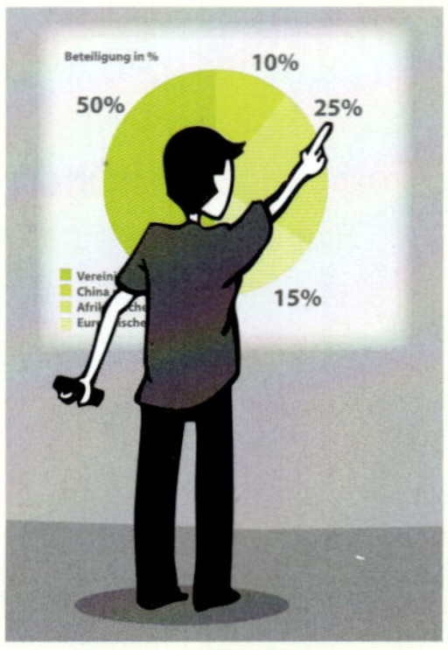

Selbstevaluation

Ich habe gemacht …		Ich bin zufrieden …		
	✓	☺	😐	☹
Wortschatz				
Leseverstehen				
Schriftliche Kommunikation				
Hörverstehen				
Mündliche Kommunikation				
Projekt				

Meine Wortliste zum Thema „Demografischer Wandel“:

Sehen Sie sich noch einmal das Kapitel an und notieren Sie hier wichtige Wörter. Ergänzen Sie dann Ihre Notizen um Wörter, die Sie außerdem brauchen.

Wichtige Redemittel

Meine Lieblingswörter

1

2

3

4

10 Regionen, Sprachen und Dialekte

Wortschatztraining

1 Tagebau

a Welche Wortteile können Sie verstehen? Was könnten die folgenden Wörter bedeuten?

die Mondlandschaft |
die Flutung |
der Tagebau |
das Kohleflöz |
die Braunkohlegewinnung

> Mond und Landschaft. Ich denke, das Wort meint eine Landschaft, die aussieht wie auf dem Mond, also ohne Bäume, ohne Pflanzen.

b Ordnen Sie den Beschreibungen die passenden Wörter aus 1a zu.

A Ein tiefer gelegenes Gebiet wird mit Wasser gefüllt.		
B Bodenschätze, die nah unter der Erdoberfläche liegen, werden ohne Minen aus dem Erdreich gewonnen.		
C Damit bezeichnet man eine vor Jahrtausenden entstandene Ablagerung eines wichtigen Energieträgers in der Erde.		
D Das ist eine Landschaft, die so aussieht wie die Oberfläche eines der Erde nahen Himmelskörpers.		

c Welches Foto von oben passt? Ordnen Sie in der Tabelle von 1b zu.

d Zu welchem Thema gehören die Wörter aus 1a? Schreiben Sie eine Tabelle wie unten in Ihr Heft. Ordnen Sie die Begriffe zu und ergänzen Sie weitere Wörter zu den Themen. Finden Sie außerdem ein eigenes Thema und ergänzen Sie Wortschatz.

Bergbau	*Weltraumforschung*	*Literatur*	

Tipp

Sammeln Sie Spezialwortschatz zu Themenschwerpunkten, insbesondere zum Thema Ihrer Projektarbeit.

Training Leseverstehen

▶ Das Leseverstehen 3 und 4 in der vorgegebenen Zeit lösen

1 Das Leseverstehen Teil 3 in der vorgegebenen Zeit lösen ▶ Kapitel 3, 7

Lesen Sie den Text und setzen Sie in jede Lücke 1–5 den richtigen Satz (A–G) ein.
Zwei Sätze bleiben übrig. Zuerst lesen Sie ein Beispiel. Das Beispiel (0) hat die Lösung (Z).
Sie haben für diese Aufgabe ca. 20 Minuten Zeit.

Z	Das heißt, man fällte Bäume, riss ganze Dörfer ab, weil sie auf einem Kohleflöz standen und grub anschließend riesige Löcher in die Erde.
A	Denn für sie, die Menschen aus den Nachbarländern, ist es die nächstliegende zusammenhängende Seenlandschaft.
B	Dort hat man Erfahrungen gesammelt, die man jetzt bei der Rekultivierung der anderen Seen nutzt.
C	Die neue Seenlandschaft wird die Attraktivität dieser Region noch weiter erhöhen.
D	Zwar gelingt nicht alles, wie man es sich wünscht,
E	In die Lausitz werden bald noch mehr Touristen kommen.
F	Der Senftenberger See dagegen steht für Familienurlaub.
G	Aber bis zur endgültigen Fertigstellung ist noch viel zu tun:
H	Schon seit 1973 ist der See ein beliebtes Ziel für Touristen und Einheimische.

Lausitzer Seenland: Vom Tagebau zur Urlaubsregion

Mehr als 40 Prozent des deutschen Stroms wird heute noch aus Braunkohle erzeugt. Um an die Braunkohle zu gelangen, musste (und muss man bis heute) in die Landschaft eingreifen. (0)___Z___ Wo früher Braunkohle abgebaut wurde, blieb eine Mondlandschaft mit riesigen Tagebau-Restlöchern zurück. Aber nun versucht man seit einiger Zeit, diese Landschaft zu rekultivieren. Ein Vorzeigebeispiel für diese Rekultivierung ist die Region rund um die Lausitz, dort nimmt allmählich eine neue Landschaft Gestalt an.

Die Region der Oberlausitz zählt bereits zu den beliebten Urlaubszielen in Ostdeutschland. (1)______ Denn zu den bereits vor vielen Jahren aus dem Tagebau entstandenen und bei Urlaubern sehr beliebten Seen kommen nun durch Flutung weitere Seen hinzu, sodass das Lausitzer Seenland am Ende 23 Gewässer mit einer Wasserfläche von etwa 14 000 Hektar umfassen wird. Bis 2020 wird sich so die größte künstliche Seenlandschaft Europas bilden. Zehn dieser Gewässer sollen über Kanäle miteinander verbunden werden.

Vorbild für diese einzigartige Wasserwelt ist der Senftenberger See. Der frühere Tagebau Niemtsch wurde von 1967 bis 1972 geflutet. (2)________ Man kann dort nicht nur baden, sondern auch mit dem Fahrrad rund um den See fahren oder skaten, angeln und sogar segeln. Im Sommer 2012 soll für die Segelboote der „Stadthafen" eröffnet werden. Für kulturelle Höhepunkte sorgt das Amphitheater der *Neuen Bühne Senftenberg*, das direkt am Ufer des Sees gelegen ist. Vor allem auf sächsische Gäste wirkt der See wie ein Magnet. Aber auch bei Gästen aus Tschechien wird die Region immer beliebter. (3)_______.

Ein Vorteil dieser von Menschenhand geschaffenen Seen ist ihre planbare Nutzung: So ist der Geierswalder See für den Wassersport reserviert, der Bärwalder See mit seinem überdimensionalen „Ohr" aus Sand samt Theater beim sächsischen Boxberg wird für Landschaftskunst stehen. (4)__________ Rund um die Stadt Welzow wiederum gibt es eine andere Attraktion: Dort können Interessierte die Braunkohlegewinnung im Tagebau und den darauf folgenden Landschaftswandel bis hin zur rekultivierten Landschaft hautnah verfolgen. Damit bietet sich Welzow zum idealen Startpunkt für Erkundungen rund um den Tagebau an.

Der Traum einer schönen, wieder zurückgewonnenen Landschaft wird langsam Realität. (5)_________ Die Befestigung der Ufer ist teilweise noch nicht abgeschlossen, einige Gebiete dürfen deshalb noch nicht betreten werden. Auch Verbindungskanäle müssen noch gebaut und fertig gestellt werden. Aber nach und nach entsteht eine neue Landschaft, die den Menschen schöner als je zuvor zurückgegeben wird.

Quelle: Daniela Kühn, dpa, 2011

2 Das Leseverstehen Teil 4 in der vorgegebenen Zeit lösen ▶ Kapitel 4, 8

a Was müssen Sie beim Leseverstehen 4 beachten? Kreuzen Sie an.

1. Sie bekommen im Leseverstehen 4

   A ☐ einen Text.
   B ☐ zwei Texte.
   C ☐ Überschriften.

2. Sie lösen die Aufgabe, indem Sie das Signalwort im Text finden und prüfen,

   A ☐ ob die Aussage A, B oder C die Textaussage richtig wiedergibt.
   B ☐ ob man das auch anders sagen kann.
   C ☐ ob der Text aus einer Zeitschrift oder dem Internet ist.

3. Die letzte Aufgabe ist

   A ☐ eine Spezialaufgabe, die nur von Ihrem Lehrer gelöst werden kann.
   B ☐ eine Aufgabe, die das Gesamtverständnis des Textes überprüft.
   C ☐ eine Übung, um Ihr Wissen über Synonyme abzufragen.

b Lesen Sie den Text. Kreuzen Sie dann bei jeder Aufgabe die richtige Lösung an.
Sie haben für diese Aufgabe ca. 25 Minuten Zeit.

Deutsch: Zauberhafter „Krabat" – Sorbisch: Wobkuzłacy „Krabat"

Sagen werden seit Jahrhunderten erzählt und sind bis zum heutigen Tage ein fester Bestandteil der Literatur. Sie werden mündlich überliefert. Jeder Sage liegt ein wahres Ereignis zugrunde. So ist es auch mit der bekanntesten sorbischen Sage „Krabat".

Krabat war ein sorbisches Bettelkind, das als Lehrling bei einem Müller zu arbeiten anfing, aber schnell erkannte, dass der Müller ein Zauberer war, der seine Lehrlinge daran hinderte, die Mühle zu verlassen. Heimlich eignete Krabat sich das magische Wissen des Meisters an. Als der Meister dies entdeckte, stellte er Krabat vor eine Probe. Diese bestand Krabat durch die Kraft der Liebe und war damit frei.

Man erzählt sich, dass er später auf den Marktplätzen mit reichen Viehhändlern Späße trieb. Er soll sogar den sächsischen Kurfürsten August vor den Türken gerettet haben. Die Bauern schrieben ihm die Fähigkeit zu, dass er mithilfe seiner Zauberkünste Böden fruchtbar machen, vertrocknete Ernten retten und Sümpfe trockenlegen konnte.

Das historische Vorbild für die Krabatfigur soll der aus Kroatien stammende Reitmeister Johann von Schadowitz sein. Er bekam 1691 wegen seiner Tapferkeit im Krieg vom Sächsischen Kurfürsten ein kleines Rittergut namens „Särchen" geschenkt. Mit seiner prachtvollen Uniform und seinem südländischen Aussehen war der Reitmeister im Dorf eine außergewöhnliche Erscheinung. Seine Reitkünste sowie das weltgewandte Auftreten boten den Einwohnern Särchens genug Stoff für Sagen und Legenden.

Der sorbische Schriftsteller Jurij Brězan (1916–2006) stellte die bekannteste Figur der sorbischen Sagenwelt in den Mittelpunkt dreier Romane. Einen anderen Schriftsteller, Otfried Preußler (*1923), animierte der junge Held mit den magischen Kräften zu einem Jugendbuch, das viele Preise erhielt und in 31 Sprachen übersetzt wurde. Es wurde Vorlage für den spannenden Film „Krabat", der im Herbst 2008 mit Starbesetzung in die Kinos kam. Die Leinwandproduktion von „Krabat" faszinierte ein Millionenpublikum und lenkte die Aufmerksamkeit auf die Gegend, in der die Geschichte ihren Ursprung hat.

Die zweisprachige Oberlausitz, wo Deutsche und Sorben miteinander leben, setzt bereits seit 2001 verstärkt auf die touristische Anziehungskraft der Figur Krabat. Am Rand von Schwarzkollm bei Hoyerswerda wird die Mühle aus der Verfilmung nachgebaut, in der Besucher Requisiten und Kulissen aus dem Kinofilm sehen können, darunter Krabats Spaten, seinen Zauberstab und die Mühlentreppe. Mittlerweile kommen zahlreiche Besucher an den Ort, wo Krabat der Sage nach das Zauberhandwerk beim Müllermeister erlernte.

Andere Ideen entstanden, um Touristen in die Region zu locken: So gibt es heute einen Radweg, auf dem man Krabats Spuren folgen kann. Mehrere nach ihm benannte Produkte kamen heraus, etwa das Krabat-Pils oder ein Kartenspiel. In Kamenz dürfen sich Kinder auf einem Krabat-Spielplatz austoben. Alljährlich gibt es ein Krabat-Fest an einem jeweils anderen Ort in der Region, der mit der Legende verbunden ist. In Groß Särchen wurde das Rittergut „Krabats" neu errichtet. Eine Ausstellung, eine Touristeninformation und ein Laden für Lausitzer Produkte haben darin Platz gefunden.
Auch die sorbischen Schüler sind von der Sagenfigur fasziniert: So entwickelte eine Klasse des Lessing-Gymnasiums Hoyerswerda einen Radiobeitrag zum Thema „Krabat erobert die Region". Dazu recherchierten sie zusammen mit ihrer Deutschlehrerin zur historischen Gestalt des Krabat und den Möglichkeiten, in der Lausitz auf seinen Spuren zu wandeln. Entstanden ist ein Hörfunkfeature, das die historischen Informationen mit Ausflugstipps verbindet und bei Besuchern und Touristen Interesse wecken und sie bei ihrem Weg auf Krabats Spuren durch die Lausitz begleiten soll.

1. Die Sage
   - A ☐ ist eine typisch sorbische Literaturerscheinung.
   - B ☐ wird von Mund zu Mund weitergegeben.
   - C ☐ erzählt immer von Tapferkeit und Mut.

2. Der kroatische Reitmeister
   - A ☐ wurde von der Bevölkerung abgelehnt.
   - B ☐ war im Dorf Särchen sehr beliebt.
   - C ☐ war möglicherweise der historische Krabat.

3. Otfried Preußler
   - A ☐ drehte den sehr erfolgreichen Film „Krabat".
   - B ☐ nahm sich den Schriftsteller Jurij Brězan zum Vorbild.
   - C ☐ schrieb ein sehr erfolgreiches Buch.

4. In Schwarzkollm bei Hoyerswerda wird die Mühle
   - A ☐ als Museum für die Filmrequisiten nachgebaut.
   - B ☐ zum authentischen Nachspielen für Touristen wiederhergestellt.
   - C ☐ für touristische Zwecke wieder rekonstruiert.

5. Es gibt
   - A ☐ alle zwei Jahre ein Krabatfest an verschiedenen Orten.
   - B ☐ jährlich ein Krabatfest am immer gleichen Ort.
   - C ☐ jährlich aber örtlich wechselnd ein Krabatfest.

6. Die Schüler realisierten ein Projekt:
   - A ☐ Man kann dieses als Radiobeitrag anhören und touristisch nutzen.
   - B ☐ Es ist eine interessante Literaturlandkarte entstanden.
   - C ☐ Sie begleiteten Touristen auf den Spuren von Krabat.

7. Krabat ist
   - A ☐ bis heute eine ausschließlich literarische Figur.
   - B ☐ eine Figur, die auch für den Ausbau des Tourismus genutzt wird.
   - C ☐ eine der wichtigsten Gestalten der Sagenwelt.

c Vergleichen Sie Ihre Lösungen von Aufgabe 1 und 2b in der Klasse. Geben Sie sich Tipps zur Lösungsfindung.

Info

In der Prüfung müssen Sie Ihre Antworten nach Abschluss des Leseverstehens auf ein Antwortblatt übertragen. Dafür haben Sie 10 Minuten Zeit. Ein Antwortblatt für das Leseverstehen Teil 3 und Teil 4 finden Sie im Lehrerhandbuch.

Regionen, Sprachen und Dialekte

Training Hörverstehen

▶ Das Hörverstehen Teil 3 trainieren ▶ Kapitel 2, 5, 6, 9

1 Dialekte

a In Deutschland gibt es viele Dialekte. Raten Sie, wo einige von ihnen gesprochen werden.

1	Sächsisch	A	Hessen
2	Schwäbisch	B	Sachsen
3	Bairisch	C	Baden-Württemberg
4	Hessisch	D	Bayern

b Welches Wort passt nicht in die Reihe?

1. Standardsprache – Dialekt – Mundart – Fremdsprache – Umgangssprache
2. schreiben – flüstern – sprechen – reden – plaudern
3. verwenden – brauchen – anwenden – gebrauchen – benutzen
4. fördern – unterstützen – pflegen – beistehen – helfen

2 Das Hörverstehen 3 lösen

29–31

a Sie hören gleich den Text „Die Sache mit dem Dialekt". Kreuzen Sie bei jeder Aufgabe die jeweils richtige Lösung an. Sie hören den Text zweimal.

1. … der Deutschen sprechen Dialekt.
   - A ☐ Über 50 %
   - B ☐ Ein Drittel
   - C ☐ Etwa 30 %

2. Dialekt ist
   - A ☐ eine schwer erlernbare Sprache.
   - B ☐ ein Zeichen fehlender Bildung.
   - C ☐ eventuell problematisch im beruflichen Umfeld.

3. In Oberbayern
   - A ☐ sprechen alle Kollegen Bairisch.
   - B ☐ kann man Bairisch im Beruf mit Erfolg verwenden.
   - C ☐ lehnt man norddeutsche Kollegen ab.

4. In der Schriftsprache
   - A ☐ sollte man den Dialekt benutzen.
   - B ☐ folgt der Dialekt strengen Regeln.
   - C ☐ machen dialektale Ausdrücke oft einen negativen Eindruck.

5. Führungskräfte nehmen an Sprechseminaren teil,
   - A ☐ weil sie selbstbewusster sprechen lernen wollen.
   - B ☐ um ihre vom Dialekt geprägte Sprache loszuwerden.
   - C ☐ um dialektale Sprachfärbungen zu lernen.

6. Bei Hochschulabsolventen
   - A ☐ ist Dialekt kein Hindernis für die Karriere.
   - B ☐ kann ein Sprechtraining bei der späteren Karriere helfen.
   - C ☐ ist eine Karriere im Rheinland oder Sachsen sehr beliebt.

7. Der Duden-Korrektor im Computer
   - A ☐ markiert nur Ausdrücke der Standardsprache.
   - B ☐ hilft beim Schreiben korrekter und verständlicher Texte.
   - C ☐ wird nur im beruflichen Schriftverkehr eingesetzt.

8. Die Gesamtaussage des Texts lässt sich so zusammenfassen:
   - A ☐ Dialekte sind nützlich im Beruf.
   - B ☐ Dialekte sind für den Beruf sehr wichtig.
   - C ☐ Dialekte können für eine Karriere hinderlich sein.

Training Schriftliche Kommunikation

▶ Komplexübung, einen Aufsatz bewerten

1 Lesen Sie zuerst die Aufgabe.

Schreiben Sie einen zusammenhängenden Text zum Thema „Das Sorbische – eine kleine Sprache, die sich lohnt zu lernen!"

Bearbeiten Sie in Ihrem Text die folgenden drei Punkte:
- Arbeiten Sie wichtige Aussagen aus dem Text und der Grafik heraus.
- Erörtern Sie Vorteile und Nachteile, eine Sprache wie Sorbisch zu lernen.
- Wie sehen Sie das? Würden Sie eine weitere Sprache lernen? Begründen Sie Ihre Meinung.

Sie haben insgesamt 120 Minuten Zeit.

Das Sorbische – eine Sprache, die sich lohnt zu lernen!

Kerstin Sarodnik ist Sorbin und gehört damit zu einer Minderheit in Europa. Sie ist zweisprachig aufgewachsen, neben ihrer Muttersprache Sorbisch spricht sie Deutsch. In der Schule musste sie beide Sprachen lernen. „Ich habe es nicht bereut", meint Kerstin Sarodnik in einem Interview. Die Siedlungsräume der Sorben liegen nahe der polnischen und tschechischen Grenze. Knapp 60 000 Menschen bekennen sich heute zur sorbischen Nationalität. Man geht davon aus, dass Sorbisch noch von ungefähr 16 000 bis 20 000 Personen aktiv gesprochen wird. Das Sorbische ist dem Polnischen und dem Tschechischen ähnlich. „Wenn man das Sorbische beherrscht, kann man diese beiden Sprachen zum Teil verstehen und es bereitet nicht so viel Mühe, die anderen slawischen Sprachen schnell zu lernen", sagt Kerstin Sarodnik. Sie muss es wissen, denn zurzeit lernt sie Tschechisch für ihren Beruf.

Die Sorben hatten es als kleines Volk schon immer schwer. Heutzutage ist die Zerstörung der Dörfer und Gemeinden durch den Braunkohletagebau das größte Problem. Dadurch verlieren die Sorben historisch gewachsene räumliche Strukturen und einen Teil ihrer Alltagskultur. Umso wichtiger ist es, dass die sorbische Kultur und die Sprache besondere Förderung und Unterstützung von der Bundesregierung und der Europäischen Union erhält. Denn man weiß, nur mit der Sprache bleibt die Kultur lebendig und stiftet Identität. Unterstützung erfahren deswegen vor allem Schulen und Kindergärten. Das Interesse am Sorbischen wächst wieder, stellt Frau Sarodnik fest. Das zeigen die steigenden Zahlen der Kinder und Jugendlichen an sorbischsprachigen Einrichtungen. Am Niedersorbischen Gymnasium in Cottbus lernen derzeit 700 Schüler. Es gibt also Hoffnung, dass die Sprache und die Kultur der Sorben und damit die Vielfalt Europas erhalten bleiben.

Quelle: Brüchiger Boden, Michael Schmittbetz, 2011
(zu Prüfungszwecken stark verändert)

Steigendes Interesse am Sorbischen
Schülerzahlen am Niedersorbischen Gymnasium

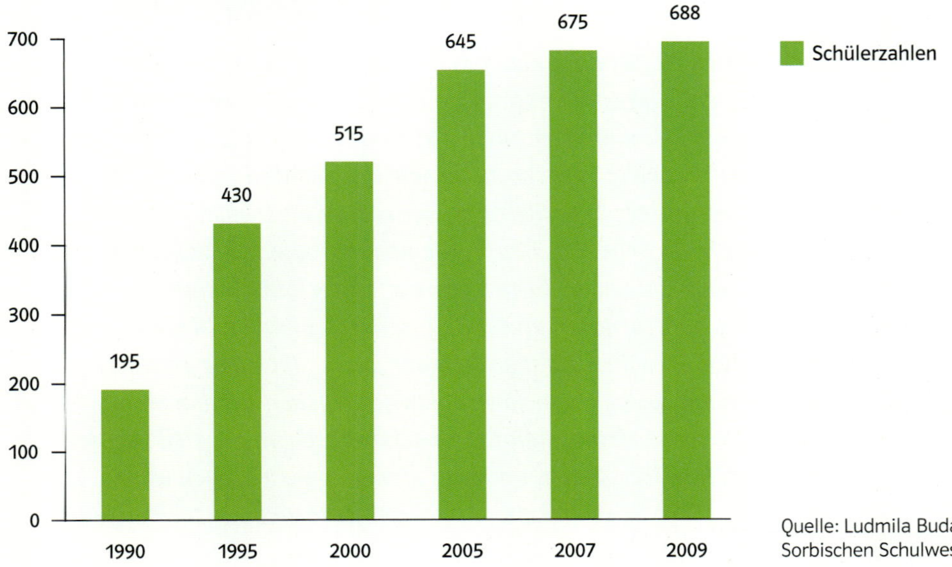

Quelle: Ludmila Budarjowa, in: Aktuelle Analyse des Sorbischen Schulwesens, 2009, S. 37

2 Einen Aufsatz bewerten

a Ein Schüler hat eine Erörterung zu diesem Thema geschrieben. Prüfen Sie in drei Gruppen:

1. Gruppe:	2. Gruppe:	3. Gruppe:
▪ Passt die Einleitung? ▪ Gibt es eine Überleitung zur Textwiedergabe? ▪ Sind alle wichtigen Informationen von Text und Grafik genannt und als solche gekennzeichnet?	▪ Wie ist die Überleitung zur Erörterung formuliert? ▪ Werden genügend Pro- und Contra-Argumente genannt? ▪ Wird auf die Informationen aus Text und Grafik Bezug genommen?	▪ Wie wird die Meinung des Autors an die Erörterung angeschlossen? ▪ Wird sie als eigene Meinung gekennzeichnet (Redemittel)? ▪ Endet der Text mit einem abschließenden Satz?
▪ Wie ist die Sprache des Textes (eigenen Wortschatz verwendet, Satzbau, Konnektoren, Mittel zur Textverknüpfung, …)?		

Das Sorbische – eine kleine Sprache, die sich zu lernen lohnt!

Wer hat nicht schon die Erfahrung gemacht, dass es von Vorteil ist, wenn man eine fremde Sprache beherrschen. Aber gibt es nur Vorteile oder gibt es auch Nachteile?

Der Text, das „Das Sorbische – eine Sprache, die sich lohnt zu lernen!" heißt, gibt Informationen dazu.

Im Text informiert darüber, was das Sorbische für eine Sprache ist, wo man sie spricht, wer und wie viele diese Sprache sprechen. Im Text wird darauf verwiesen, dass Sorbisch ist eine kleine Minderheitensprache in Deutschland. Diese Minderheit, d.h. eine kleine Gruppe (60.000), siedelt in Deutschland an der Grenze zu Tschechien und Polen. Deswegen gibt es zwischen diesen Sprachen vielleicht auch Gemeinsamkeiten. Eine Frau, die Sorbisch als Muttersprache spricht und sie in der Schule gelernt ist, meint, dass, falls man die Sprache kann, könne man die Nachbarsprachen Polnisch und Tschechisch verstehen und auch schneller andere slawische Sprachen erlernen. Das sieht sie als Vorteil. Die Sorben werden zwar von der Bundesrepublik unterstützt, aber durch den Bergbau werden ihre Lebensräume zerstört. Umso wichtiger ist der Erhalt der Sprache für die Sorben, denn nur durch die Sprache kann man die eigene Kultur bewahren, heißt es im Text. Auch wenn Sorbisch eine kleine Sprache ist, wachse das Interess e die Sprache zu erlernen, so kann man es im Text lesen.

Genau das können man auch einer Grafik entnehmen, die mir zu diesem Thema vorliegt und die die steigenden Schülerzahlen am Niedersorbischen Gymnasium zeigen.

Nachdem nun einige Fakten zum Thema mithilfe des Textes und der Grafik dargestellt wurden, kann man nun genauer die Frage gestellt werden, ob es sich wirklich lohnt Sorbisch zu lernen.

Ein Vorteil, der bereits im Text genannt wird, ist, dass man kann leichter andere slawische Sprachen lernen, wenn man Sorbisch erlernt und später sprechen kann. Ich denke, das ist ähnlich wie mit Latein. Wenn man Latein kann, wie ich, dann sieht man Zusammenhänge bei anderen Sprachen und somit ist es leichter eine verwandte Sprache zu lernen. Ein Nachteil, der ich sehe, ist der zusätzliche Zeitaufwand, um eine weitere Sprache zu erlernen. Man muss nicht nur mehr Unterrichtsstunden dazu zählen, als auch die Arbeit zu Hause, die man hat, um z.B. Vokabeln zu lernen. Ein anderer Vorteil ist, dass man eine neue Kultur kennen lernen kann, wenn man Sorbisch lernt. Man kann z.B. sorbische Literatur lesen und erhält dadurch Einblick in eine andere Gedankenwelt. Einerseits sind die kleinen Sprachen nicht so populär und es ist nicht attraktiv, sie zu lernen. Man kann sie kaum anwenden, weil sie von so wenigen gesprochen werden. Aber andererseits ist es wichtig, dass man sie lernt, denn es gibt viele schöne Sachen, die sich mit den kleinen Sprachen verbindet, z.B. Lieder. Es wäre schade, wenn sie niemand mehr singen würde. Es würde die „Weisheit" des kleinen Volkes sterben. Ein letztes Argument wäre vielleicht: Wenn man Spaß am Sprachenlernen hat, dann sollte man Sorbisch zu lernen.

Ich bin der Meinung, dass kulturelle Vielfalt für Europa, wie es auch im Text formuliert wurde, wichtig sind. Es ist gut, sie auch zu erhalten, indem man auch eine kleine Sprache lernt.

Zum Schluss kann man vielleicht sagen, dass es einige Vorteile geben, die dafür sprechen, die kleine Sprache aus der großen Familie der slawischen Sprache zu erlernen. Aber am Ende muss das jeder selber entschieden, denn ist es nicht für jeden wichtig. Für mich wäre es zwar ein Vorteil, weil ich gerne später Sprachen studieren möchte, aber für einen IT-Spezialisten?

b Vergleichen Sie Ihre Bewertungen (positive wie negative) in der Klasse. Diskutieren Sie auch, was Sie anders machen würden.

c Korrigieren Sie gemeinsam die Fehler im Aufsatz des Schülers.

3 **Den Aufsatz vorbereiten: Bearbeiten Sie die einzelnen Schritte. Sie sollten dafür ca. 20 bis 30 Minuten einplanen.**

1. Lesen Sie die Aufgabenstellung genau.
2. Lesen Sie den vorgegebenen Text und die Grafik. Markieren Sie dort wichtige Informationen. Machen Sie sich eventuell Notizen auf dem Konzeptpapier.
3. Schlagen Sie schwierige Wörter im Wörterbuch nach.
4. Überlegen Sie, wie Sie einen Zusammenhang zwischen Text und Grafik herstellen können. Machen Sie sich gegebenenfalls Notizen dazu.
5. Bereiten Sie die Erörterung vor: Notieren Sie eigene Pro- und Contra-Argumente zum vorgegebenen Thema. Denken Sie auch an die Begründungen und Beispiele. Beziehen Sie dabei auch Argumente aus dem vorgegebenen Text ein, widersprechen Sie ihnen oder bestätigen Sie diese.

4 **Den Aufsatz formulieren: Schreiben Sie nun Ihren Text. Benutzen Sie dafür einen Kugelschreiber oder Füllfederhalter. Prüfen Sie während des Schreibens, ob Sie die Punkte auf der Checkliste erfüllen. Sie sollten dafür ca. 80 Minuten einplanen.**

Checkliste
- Verwenden Sie so oft wie möglich eigenen Wortschatz.
- Benutzen Sie Redemittel oder die indirekte Rede (Konjunktiv I-Formen) zur Wiedergabe der wesentlichen Informationen aus dem vorgegebenen Text und der Grafik.
- Verbinden Sie Ihre Sätze mithilfe von Konnektoren.
- Formulieren Sie eine Einleitung, Überleitungssätze zwischen den einzelnen Teilen der Erörterung und einen abschließenden Satz.
- Schreiben Sie leserlich.

5 **Den Aufsatz korrigieren: Lesen Sie Ihren Aufsatz nun gründlich durch. Korrigieren Sie Fehler und tragen Sie Ihre Korrekturen sauber ein. Sie sollten dafür ca. 10 Minuten einplanen.** ▶ Kapitel 9

Checkliste
- Grammatik: Steht das Verb / stehen die Verben an der richtigen Stelle im Satz? Sind die Kasus korrekt? Sind die Präpositionen mit dem richtigen Kasus versehen? Gibt es Artikel?
- Orthographie: Sind alle Nomen großgeschrieben? Sind schwierige Wörter korrekt geschrieben? Schlagen Sie eventuell im Wörterbuch nach. Sind alle Umlaute da? Sind die Kommas richtig gesetzt?
- Schreiben Sie leserlich.

6 Die Texte auswerten

a Setzen Sie sich in Gruppen zu drei Personen zusammen und besprechen Sie die Texte in einer „Schreibkonferenz".

1. Lesen Sie einen der Texte vor.
2. Die anderen äußern sich spontan zum Inhalt. Sie können auch inhaltliche Fragen stellen.
3. Der Verfasser des Textes macht sich Notizen im Text dazu.
4. Lesen Sie nun den Text noch einmal gemeinsam durch. Besprechen Sie inhaltliche und sprachliche Aspekte. Der Verfasser notiert sich die Anmerkungen.
5. Prüfen Sie die Grammatik und die Rechtschreibung gemeinsam.
6. Besprechen Sie dann die übrigen Texte nach dem gleichen Muster.

b Überarbeiten Sie dann Ihren Text mithilfe der Ergebnisse der Schreibkonferenz.

c Lassen Sie den Text zum Schluss von Ihrer DSD-Lehrerin / Ihrem DSD-Lehrer bewerten.

7 Wichtige Tipps zum Schreiben im Klassenzimmer aufhängen

a Hängen Sie das Aufgabenblatt (S. 121) und Ihre korrigierten Texte an eine Wand im Klassenzimmer.

b Gestalten Sie Poster mit den wichtigsten Tipps für den Prüfungsteil *Schriftliche Kommunikation*. Hängen Sie diese im Klassenzimmer auf.

1

Aufbau des schriftlichen Referats

Einleitung
↓
Überleitung zur Textwiedergabe
↓
Textwiedergabe
↓
Überleitung zur Grafikbeschreibung
↓
Grafikbeschreibung
↓
Überleitung zur Erörterung
↓
Erörterung
↓
eigene Meinung
↓
Schlusssatz

2

Redemittel zur Textwiedergabe

- Im vorliegenden Text mit dem Titel „..." geht es um ...
- Laut Autor ...
- Der Text nennt ...

3

Vokabular zur Grafikbeschreibung

- Die Grafik mit dem Titel „..." wurde von ... im Jahr ... veröffentlicht.
- Thema der Grafik ist ...
- Sie zeigt die Anzahl / den Anteil / die Entwicklung ...

Tipp

Im Testbuch „So geht's zum DSD II (B2 / C1) Testbuch mit Leitfaden für die mündliche Prüfung" finden Sie in den Modelltests drei weitere Aufgaben für den Prüfungsteil *Schriftliche Kommunikation*. Viel Erfolg beim Üben und in der Prüfung!

Training Mündliche Kommunikation

▶ Die Projektmappe prüfen

Tipp

Der zweite Teil der mündlichen Prüfung ist die Präsentation Ihres Projektthemas. Um diesen Teil zu üben, sollten Sie die Arbeit an Ihrer Projektmappe abgeschlossen haben.

1 Vorbereitung auf die Präsentation: Ihre Projektmappe

a Kreuzen Sie an, was Sie schon gemacht haben.

Checkliste

Ich habe…

- ☐ den endgültigen Titel festgelegt.
- ☐ Material gesammelt und ausgewertet (exzerpiert und zusammengefasst).
- ☐ Recherchen dokumentiert und ausgewertet.
- ☐ eine Liste mit Fachvokabular angelegt.
- ☐ alle Dokumente sortiert abgeheftet und in Kapitel eingeteilt.
- ☐ eine Titelseite für die Projektmappe erstellt.
- ☐ ein Inhaltsverzeichnis erstellt.
- ☐ einen Bezug zum deutschsprachigen Raum hergestellt.
- ☐ Bilder gesammelt.
- ☐ Diagramme erstellt und deren Beschreibung geübt.
- ☐ einen Anhang mit den Quellen erstellt.

b Haben Sie noch etwas anderes gemacht? Sprechen Sie in der Klasse darüber, vielleicht ist das für andere Projekte interessant.

Tipp

Ähnlich wie die Schlussdokumentation eines Projektes ganz klar gegliedert sein muss, gilt dies auch für die Präsentation. Die Inhalte und Bestandteile sind eingebettet in klar erkennbare Phasen. Der klassische Aufbau besteht aus Eröffnungsphase, Hauptteil und Schlussteil. Legen Sie bereits jetzt beim Abheften fest, was Sie zu Beginn, im Hauptteil und zum Schluss präsentieren möchten.

2 Projektmappenmarkt

a Gehen Sie so vor:

1. Teilen Sie die Klasse in zwei Gruppen.
2. Die Mitglieder der Gruppe 1 legen Ihre Projektmappen auf ihren Tischen aus.
3. Die Mitglieder der Gruppe 2 können sich die Mappen ansehen und mit der jeweiligen Autorin / dem jeweiligen Autor sprechen und Fragen dazu stellen oder auf Kommentarblättern notieren.
4. Tauschen Sie danach die Rollen: Gruppe 2 präsentiert die Mappen, Gruppe 1 sieht sie sich an und bespricht sie.

b Notieren Sie sich während der Gespräche Anregungen für die Verbesserung Ihrer Mappe und für die Vorbereitung der Präsentation.

Info

Tipps dazu, wie Sie eine Präsentation gut aufbauen, und was Sie dazu noch beachten sollten, bekommen Sie in „So geht's zum DSD II (B2 / C1) Testbuch mit Leitfaden für die mündliche Prüfung" im Leitfaden für die mündliche Prüfung.

Portfolio 10: Arbeit mit Quellen

1 Glaubwürdigkeit von Quellen

a Im Folgenden finden Sie eine Checkliste, um die Glaubwürdigkeit von Internetquellen etwas besser einzuschätzen. Kreuzen Sie in der Tabelle für Ihre Quellen an:

	☺	☹
1. Der Name der Autorin / des Autors ist angegeben.		
2. Die Autorin / der Autor gibt eine Adresse an (Ortsadresse, Website, E-Mailadresse).		
3. Die Verfasserin / der Verfasser sollte als Experte auf ihrem / seinem Gebiet bekannt oder erkennbar sein.		
4. Der Text ist von einer Redaktion und / oder einem Herausgeber geprüft worden und die Adresse der Redaktion / des Herausgebers ist angegeben.		
5. Der Text bezieht sich mit seinen Informationen auf weitere angegebene und überprüfbare Quellen.		

Sie sollten bei 3 von 5 Punkten ein ☺ haben.

2 Eine Quellenliste anlegen

Tipp

Mit dieser Liste geben Sie an, welche Hilfsmittel Sie für Ihre Arbeit benutzt haben. Die Übersicht hilft zum einen Ihnen selbst – Sie behalten den Überblick über verwendete Materialien. Zum anderen sind Sie aber auch verpflichtet, alle Quellen anzugeben, die Grundlage Ihrer Arbeit sind.

a Fügen Sie jeweils zwei eigene Literaturangaben in der folgenden Form hinzu.

Bücher

Name, Vorname → Titel, Untertitel → Erscheinungsort → Erscheinungsjahr → Verlag

Klippert, Heinz: Methodentraining. Übungsbausteine für den Unterricht, Weinheim und Basel 1994, Beltz-Verlag

____

____

Aufsätze aus Zeitschriften

Name, Vorname → Titel des Aufsatzes → in Zeitschrift → Heftnummer → Erscheinungsjahr → Seitenangabe

Weidenmann, Bernd: Mit Bildern informieren, in: Pädagogik, Heft 5/93, S. 8 – 13

____

____

Texte, Bilder aus dem Internet

Titel → Internetadresse → Datum des Zugriffs

Arbeit mit Bildern, auf www.teachsam.de (Zugriff am 28.7.2010)

____

____

Selbstevaluation

Ich habe gemacht ...		Ich bin zufrieden ...		
	✓	☺	😐	☹
Wortschatz				
Leseverstehen				
Hörverstehen				
Schriftliche Kommunikation				
Mündliche Kommunikation				
Projekt				

Meine Wortliste zum Thema „Regionen, Sprachen und Dialekte“:

Sehen Sie sich nun noch einmal das Kapitel an und notieren Sie hier wichtige Wörter. Ergänzen Sie dann Ihre Notizen um Wörter, die Sie außerdem brauchen.

Wichtige Redemittel

Meine Lieblingswörter

Bildquellen

(Monkey Business), **Cover;** Bananastock, Watlington / Oxon, **66.3;** Dreamstime LLC (Sebastian Czapnik), Brentwood, TN, **32.2;** Fotolia LLC, New York: (Andreas F.), **116.2;** (Arnd Drifte), **116.3;** (BildPix.de), **32.3;** (erikdegraaf), **92.2;** (Foto Füchsin), **56.3;** (fotoman_65), **80.3;** (Gina Sanders), **8.2;** (maryp77), **32.4;** (mrs-art), **116.1;** (Woodapple), **16;** Image Source Ltd (Imagesource), Soho, London, W1F 9NZ, **20.4;** Imago, Berlin, **80.2;** iStockphoto, Calgary, Alberta: (Fertnig), **51;** (Smith), **20.1;** Klett-Archiv, Stuttgart: (Anastasia Raftaki), **78;** (Krzysztof Ulamek, Polen), **66;** (Matthias Nortmeyer), **62;** (Renate Weber), **44.1;** MEV Verlag GmbH, Augsburg, **33, 44.2;** Picture-Alliance (Inw), Frankfurt, **36;** shutterstock, New York, NY: (Dario Sabljak), **32.1;** (jetsetmodels), **56.2;** (Mary Terriberry), **20.3;** Statistisches Bundesamt - DESTATIS, Wiesbaden, **108;** Thinkstock, München: (AbleStock.com), **93;** (BananaStock), **104.3;** (Comstock), **8.3, 68.1, 68.2, 92.4, 104.4;** (Getty Images), **47;** (Goodshoot), **104.1;** (Hemera), **64, 80.4;** (iStockphoto), **8.4, 11, 12, 20.2, 56.1, 68.4, 80.1, 92, 92.3, 96, 112, 116.4;** (istockphoto), **44.4;** (Lifesize), **8.1, 104.2;** (Photodisc), **49, 52;** (Photos.com), **59.1;** (Pixland), **44.3;** (Stockbyte), **92.1**

(Jani Spennhof, Barcelona), Illustration **114;**

Textquellen

S. 11: Text A: „Soziales Netzwerk" © karrierebibel.de; Text B: „Safer Internet Day" © klicksafe, www.klicksafe.de
S. 14: „Kopieren geht über Studieren" © Kurt Künzle, in «der arbeitsmarkt – Fachzeitschrift für Arbeit und Beschäftigung», Zürich
S. 15: „Hat das E-Book eine Zukunft?" © Philipp Goll, die tageszeitung, Berlin
S. 17: „Mediennutzung" © de.wikipedia.org
S. 22: „Der touristische Klima-Fußabdruck" © WWF Deutschland, Berlin
S. 27: „Ein anderer Tourismus ist möglich" © Maja Schuster, Jürgen Weber, Medienkombinat Berlin
S. 33: „Was sind Gene?" © www.bionetonline.org
S. 36: „Das CargoCap System" © www.cargocap.de
S. 40: beide Grafiken © Information und Technik Nordrhein-Westfalen, Düsseldorf
S. 45: „Deutschlerner" © Netzwerk Deutsch, Berlin
S. 45 / 46: „Warum lernst du Deutsch" © Asnyk Lyzeum Łódź, 2010
S. 48: „Der Studienabbrecher – das unbekannte Wesen" © HIS Hochschul-Informations-System GmbH, Hannover 2008
S. 49 / 50: „Welcher Beruf passt zu mir?" © Portal der Bundesagentur für Arbeit, www.abi.de
S. 58: Text 1: © Bundesfinanzministerium, Berlin; Text 3: © Kai Clement, Westdeutscher Rundfunk, Köln; Text 4: Inken Bartels
S. 63: „Soziales Engagement" © Katja Schultz, cafeterra.de
S. 75 / 76: „Null Blog" © Manfred Dworschak
S. 85: „Entwicklung und Stand der Freiwilligenzahlen" © Bundesministerium für Familie, Senioren, Frauen und Jugend, Evaluierungsbericht Freiwilligendienste, Berlin 2006
S. 86 / 87: „Exodus der Musterschüler" © *der Freitag* Mediengesellschaft mbH & Co. KG, Berlin
S. 91: „Der Weg einer Jeans" aus: TERRA Arbeitsheft GWG 3 / 4 Baden-Württemberg © Ernst Klett Schulbuchverlag Leipzig GmbH, Leipzig 2006
S. 94 / 95: „Die Weltreise einer Fleece-Weste" © Sylvia Schwab, Deutschlandfunk, Köln
S. 96: „Globalisierung geht durch den Magen" © Elke Proell, „welt-sichten", Frankfurt
S. 99: „Familie in der Globalisierungsfalle" © Birgit Behringer, 2007; Grafik: © Statistisches Bundesamt, Wiesbaden 2006
S. 105: Text 1: „Kinder und Senioren" © Luisa Boger, Marion Fleischer, Lena Grießhammer, Kathrin Härtlein, Timian Hopf, Marie Luise Külz, Universität Augsburg; Text 2: „Von den Älteren lernen" © BR-online, Bayerischer Rundfunk, München; Text 3: Klappentext von „Begegnung zwischen Alt und Jung" von Jana Jansen © VDM Verlagsgesellschaft mbH, Saarbrücken; Text 4: „Stiftung Zuhören" © BR-online, Bayerischer Rundfunk, München
S. 108: „Demografie" aus: Ein Glück, dass es Oma und Opa gibt!" © Reidunn Stuedahl, Beust Verlag, München
S. 109: „Generationskonflikt im Hörsaal" von Friedrich Wilhelm Graf, FAZ net, 02.03.2009 © Alle Rechte vorbehalten. Frankfurter Allgemeine Zeitung GmbH, Frankfurt. Zur Verfügung gestellt vom Frankfurter Allgemeine Archiv; Grafik: Hochschulstatistik, Statistisches Bundesamt, Wiesbaden 2011
S. 111: „Senioren verändern unsere Gesellschaft" © Christian Mathea, news.de GmbH, Leipzig
S. 117: „Lausitzer Seenland" © dpa Deutsche Presse-Agentur GmbH, Hamburg 2011
S. 121: „Brüchiger Boden" © Michael Schmittbetz, www.mdr.de, 2010; Grafik: © Ludmila Budarjowa, in: Aktuelle Analyse des Sorbischen Schulwesens, 2009, S. 37

Alle Texte wurden zu Prüfungszwecken bearbeitet.
Trotz intensiver Bemühungen konnten wir nicht alle Rechteinhaber ausfindig machen. Für Hinweise ist der Verlag dankbar.